COLLECTION MICHEL LÉVY

ŒUVRES COMPLÈTES

D'ÉMILE SOUVESTRE

TABLE DES MATIÈRES

	Pages.
Au lecteur	3
PREMIER RÉCIT. Un Intérieur de Diligence	9
DEUXIÈME RÉCIT. Un Secret de Médecin	31
TROISIÈME RÉCIT. Les Deux Devises	63
QUATRIÈME RÉCIT. Le Poëte et le Paysan	81
CINQUIÈME RÉCIT. Le Sculpteur de la Forêt-Noire	99
SIXIÈME RÉCIT. Le Parchemin du Docteur Maure	127
SEPTIÈME RÉCIT. Le Trésor	145
HUITIÈME RÉCIT. L'Oncle d'Amérique	165
NEUVIÈME RÉCIT. Les Dix Travailleurs de la mère Vert-d'Eau	181
DIXIÈME RÉCIT. Les Vieux Portraits	189
ONZIÈME RÉCIT. Les Choses Inutiles	201
DOUZIÈME RÉCIT. Les Désirs	213
TREIZIÈME RÉCIT. Un Oncle mal élevé	223
QUATORZIÈME RÉCIT. La Grande Loi	241

AU COIN DU FEU

PAR

ÉMILE SOUVESTRE

NOUVELLE ÉDITION

PARIS
MICHEL LÉVY FRÈRES, LIBRAIRES-ÉDITEURS
RUE VIVIENNE, 2 BIS

1857

A

MES TROIS FILLES.

AU LECTEUR

En dehors des enseignements directs qui nous viennent de l'expérience, il en est d'autres dont l'imagination fait tous les frais. L'homme ne s'éclaire point seulement par ce qu'il a vu, mais par ce qu'il a supposé, et les fables ne donnent pas moins de leçons que la réalité.

Les peintures idéales de la vie, désignées, selon les peuples et les époques, par les noms d'apologues, de poëmes, de romans, sont toujours entrées pour une part importante dans l'instruction des races. Au moyen âge, les fabliaux galants et chevaleresques, répétés aux veillées, complétaient l'éducation des gentilshommes et des damoiselles ; on y donnait en action la solution de tous les problèmes de sentimentalité ou de chevalerie alors soulevés ; on habituait les esprits, par des exemples imaginaires, à reconnaître ce qu'ils devaient préférer ; on faisait enfin concourir l'élément romanesque à cette éducation domestique des âmes, la seule qui persiste à travers les entraînements de la vie, et constitue l'esprit d'une nation.

De nos jours, où l'imprimerie s'est substituée à la tradition orale et est devenue la véritable institutrice des générations, la presse continue, sous une autre forme et pour d'autres desseins, le rôle des ménestrels du moyen âge ; c'est à elle que la famille demande les récits romanesques qui raccourcissent les heures de loisir. Ces lectures faites sous les tonnelles aux dernières lueurs du soleil couchant, ou au coin du feu pendant les longues soirées d'hiver, sont devenues, en même temps, une habitude et un lien. Grâce à cette nourriture commune, les intelligences grandissent ensemble et acquièrent, pour ainsi dire, le même tempérament. A force de s'associer dans le rêve, on s'accoutume à s'associer dans la réalité.

> Ne vous souvient-il plus, mon fils, de ces soirées
> Où, l'œil fixé sur vous et nos chaises serrées,

Ravis, nous écoutions quelque récit frappant
Que vous lisiez tout haut, en vous interrompant?
Nous sentions s'allumer en nous les mêmes flammes
En prenant en commun ce doux repas des âmes ;
Mêmes pleurs, mêmes ris, mêmes pensers!... Alors
Parmi nous s'exhalaient de merveilleux accords,
Et, vibrant dans nos seins à la même secousse,
La lyre intérieure élevait sa voix douce !
Oh! comme l'on s'aimait dans ces soirs d'abandon !
Quand ils n'irritent pas, les pleurs rendent si bon !
Alors, mon fils, nos cœurs n'avaient qu'une racine,
De tous vos sentiments je savais l'origine,
Et, nous tenant la main, dans le monde idéal
Ensemble nous marchions toujours d'un pas égal (1).

Alors même que la différence des natures ne permet point aux lectures communes d'opérer cette fusion, du moins la lumière se fait pour tous ; la variété des sensations révèle le caractère de chacun ; on peut se pénétrer réciproquement, se mieux connaître, et, par suite, éviter des chocs douloureux.

Mais le choix des livres est difficile ! Cette lecture en famille donne à l'œuvre je ne sais quel caractère officiel ; c'est un acte de magistrature domestique dont la responsabilité incombe au chef de famille et exige une grande prudence. Puis, l'âme humaine a ses tyrannies et sa pudeur. Tel volume, qui nous charme ou nous émeut quand nous le lisons tout bas, perdra son prix si nous l'entendons lire ! Tantôt c'est un parfum

(1) Les SOIRÉES DE FAMILLE (*Magasin pittoresque*, année 1836, p. 356).

subtil qui ne peut être respiré que dans la solitude, tantôt des sentiments qui nous remuent assez profondément pour que le regard des tiers nous embarrasse, tantôt des images trop vives pour être facilement contemplées à plusieurs. L'intimité domestique a elle-même ses réserves, elle ne permet guère de lire que ce qu'elle permettrait de raconter. La brièveté des loisirs communs exige, en outre, de courts récits ; on aime à se séparer sur une impression complétée, que chacun emporte comme un thème pour ses réflexions. La lecture des longues œuvres est difficilement achevée, ou entraîne à des empiétements sur les devoirs, et alors l'idéal, au lieu d'agrandir le réel, finit par le dévorer.

Quant à la nature même des romans ordinaires, elle s'oppose encore plus aux lectures de famille. Tandis que quelques auteurs refont *Amadis de Gaule* et ne sortent ni des grandes passions, ni des grandes aventures, ni des grands coups d'épée ; que d'autres, attentifs au monde véritable, mais obligés de réveiller à tout prix des curiosités blasées, vont chercher dans l'exception des tableaux qui saisissent ; les plus puissants entrent au cœur même de l'homme et de la société, dont ils nous dévoilent les sombres profondeurs !

Pour tous, il y a sans doute une raison d'être ; mais quelque jugement que l'on porte sur leurs créations, au moins faut-il reconnaître qu'elles ne répondent pas au besoin que nous avons constaté plus haut. Au-dessous de ces grands drames, il reste le drame familier ; loin de ces renommées bruyantes qui fatiguent la presse, l'humble réputation qui ne cherche point à franchir le cercle domestique : à celles-là de briller, à celle-ci d'être aimée !

Les récits qui suivent ne sont qu'un essai, mais peut-être donneront-ils l'éveil. Parmi tant de charmants conteurs, dont l'accent se fausse un peu à crier dans la foule, il en est peut-être qui se lasseront enfin de ce tumulte qu'on appelle de la célébrité ; ils viendront s'asseoir sous le toit domestique, et, baissant la voix au ton de la vérité, ils nous feront entendre quelques-uns de ces récits éternellement touchants, parce qu'ils sont éternellement sincères. Alors l'auteur des *Romans de Famille* se taira sans regret pour laisser la parole à de plus dignes, et reprendre sa place parmi les auditeurs.

AU COIN DU FEU

PREMIER RÉCIT

UN INTÉRIEUR DE DILIGENCE

On se trouvait aux derniers jours du mois de septembre. Après être tombée à torrents toute la journée la pluie avait enfin cessé; mais une brume épaisse couvrait le ciel, et, bien qu'il fût à peine quatre heures, la nuit semblait déjà venue.

Une lourde diligence, attelée d'un renfort de chevaux, montait avec peine une des pentes difficiles qui séparent

Belleville de Lyon, et les postillons marchaient des deux côtés de l'attelage, s'arrêtant de cinquante pas en cinquante pas pour lui permettre de reprendre haleine. Les voyageurs eux-mêmes étaient descendus, sur l'invitation du conducteur, et suivaient à pied, en maudissant les chevaux, la pluie et les mauvais chemins.

Deux d'entre eux, qui venaient les derniers, s'arrêtèrent tout à coup au tournant de la montée. L'un était un homme d'environ cinquante ans, à l'air souriant et doux; l'autre, plus jeune, avait au contraire les traits soucieux. Il promena les yeux sur la campagne à demi ensevelie dans le brouillard, et dit à son compagnon :

— Quel temps et quelle année, cousin Grugel? La Saône était à peine rentrée dans son lit, et voilà que les vallées vont être inondées de nouveau.

— Dieu nous en préserve, Gontran! répondit l'homme au doux visage; l'arc d'alliance peut paraître à chaque instant sur le déluge.

— Oui, reprit l'autre voyageur avec un peu d'ironie, je sais que vous avez la manie de l'espoir, Jacques.

— Comme vous celle du découragement, Darvon.

— Ne suis-je point dans mon droit, quand je regarde comment vont les choses du monde? Où voyez-vous la paix, l'ordre, la prospérité? Je n'entends parler que d'incendies, de contagions, de déluges, de meurtres! Ce qu'épargne la méchanceté des hommes, la méchanceté de la nature l'anéantit; car la matière brute elle-même semble avoir un instinct de destruction; les éléments sont comme les rois, ils ne peuvent rester voisins sans se faire la guerre.

—C'est un côté des choses, cousin, le côté triste; mais il y en a un autre dont vous ne parlez jamais. Vos yeux sont toujours attachés sur le volcan qui fume à l'horizon, et ne veulent pas s'abaisser sur les champs de blé mûr qui ondulent à vos pieds. Il y a enfin du bonheur dans le monde !

— Je n'en sais rien, répondit Darvon d'un ton chagrin.

— Mais vous-même, ne vous trouvez-vous point placé, ici-bas, parmi les plus favorisés ?

— C'est là vérité, Jacques, et cependant je n'ai pu trouver, dans tous les biens qui m'ont été accordés, la paix et le contentement.

— Que pouvez-vous donc désirer? Vous êtes riche, honoré, vous avez une famille qui vous aime!

— Oui, reprit Gontran; mais ma fortune m'a valu le pénible procès pour lequel je viens de faire un troisième voyage à Mâcon; ma bonne réputation n'a pas empêché mon adversaire de me faire injurier par son avocat; et quant à ma famille...

— Eh bien? demanda Jacques.

— Eh bien! ma sœur, avec laquelle j'avais toujours vécu si affectueusement... je viens de me brouiller avec elle !...

— Ce sera une courte querelle.

— Non, non; je suis las de rétablir, sans profit, de l'ordre dans ses affaires; j'ai trop souffert de son manque de suite et de raison.

— Songez à son excellent cœur, et vous lui pardonnerez.

— Oh! je sais que vous trouverez toujours quelque

raison pour que je prenne mes chagrins en patience ; vous avez une recette pour chaque blessure de l'âme, et, si je vous poussais un peu, vous me prouveriez que j'ai tort de me plaindre, que tout est bien ici-bas.

— Pardon, reprit Grugel ; il y a dans le gouvernement du monde des choses qui me blessent comme vous ; mais je ne suis point sûr de pouvoir les bien juger. La vie est un grand mystère dont nous comprenons si peu de chose ! Faut-il même vous l'avouer ? Il y a des heures où je me persuade que Dieu n'a point affligé les hommes de tant de fléaux sans intention. Heureux et invulnérables, ils se seraient endurcis ; chacun eût compté sur sa force individuelle, se fût complu dans son isolement, et eût été sans sympathie pour son semblable. La faiblesse a, au contraire, forcé les hommes à se rapprocher, à se secourir, à s'aimer ; la douleur est devenue un lien ; c'est à elle que nous devons les plus nobles et les plus doux sentiments : la reconnaissance, le dévouement, la pitié !

— Fort bien, dit Darvon en souriant ; ne pouvant soutenir que tout est bien, vous allez me prouver qu'il y a du bien dans le mal.

— Quelquefois, dit Grugel ; soyez sûr que le mal lui-même n'est pas absolu. La science emprunte des remèdes au suc des plantes vénéneuses ; pourquoi ne pourrait-on point tirer quelque parti des malheurs, des travers et des passions ? Croyez-le bien, Darvon, il n'y a pas de *minerai humain* tellement pauvre qu'on n'y puisse trouver quelques parcelles d'or.

— Parbleu ! je voudrais savoir alors ce qu'on en trouverait dans nos compagnons de route! s'écria Gontran. Voyons, cousin, passons à la cornue ce curieux échantillon de notre race, que nous proclamons la race la plus intelligente!

— Il est certain, reprit Jacques en souriant, que le hasard ne nous a point favorisés.

— N'importe, n'importe, reprit Darvon, que sa misanthrophie rendait taquin; *dégageons l'or du minerai*, comme vous dites. Et d'abord, combien de grains espérez-vous en trouver dans le marchand de bœufs qui va là devant nous?

Grugel leva la tête et aperçut, à quelques pas, le voyageur que lui désignait son cousin. C'était un gros homme en blouse bleue, qui suivait d'un pas lourd l'accotement de la route, en achevant de ronger un membre de volaille.

— Voilà le septième repas que je lui vois faire depuis ce matin, continua Darvon, et les poches de la voiture sont encore bourrées de ses provisions! Quand il a mangé, il dort, puis remange, puis redort pour recommencer. Ce n'est même pas un imbécile, c'est une machine à digérer! Vous l'avez vu vous-même; impossible d'en tirer une réponse ni un renseignement.

— C'est un soin dont s'acquitte suffisamment notre compagnon à casquette de feutre.

— Ah! parlons de celui-là, et tâchons aussi d'*extraire son or!* Il ne fait partie de notre équipage que depuis ce matin, et le conducteur l'a déjà renvoyé de l'impériale aux voyageurs du coupé, qui l'ont renvoyé à ceux de l'intérieur. Voilà seulement deux heures que nous le possédons, et il nous a raconté son histoire et celle de sa famille jusqu'au cinquième degré. Je sais qu'il s'appelle Pierre Lepré, qu'il fait la commission des denrées coloniales, depuis vingt ans, dans les départements de Saône-et-Loire, de l'Ain, de l'Isère, du Rhône, et qu'il s'est marié trois fois. Encore, s'il ne fallait pas subir ses questions! mais il est aussi curieux que bavard, et quand il a fini sa confession, il veut que vous lui fassiez la vôtre. Si vous réfléchissez, il vous parle; si vous causez, il vous interrompt; sa voix est comme une crecelle toujours en mouvement, et dont le bruit finit par vous donner mal aux nerfs.

—Pauvre Lepré! dit Grugel; c'est pourtant un brave homme au fond.

— Il a un mérite, reprit Darvon, c'est de gêner mademoiselle Athénaïs de Locherais; car nous allions oublier cette aimable compagne de route, qui, après avoir crié qu'il fallait descendre pour alléger la voiture, y est restée seule de peur de se mouiller les pieds.

—Il faut lui pardonner, fit observer Jacques; l'isolement l'a habituée à ne prendre aucun souci des autres : c'est un cœur rétréci...

— Rétréci! répéta Gontran; vous vous trompez, cousin; mademoiselle Athénaïs de Locherais a un immense amour... pour elle-même! Le monde entier semble avoir été créé pour son usage particulier; elle ne comprend point qu'il puisse s'y passer quelque chose qui ne se rapporte point à elle et ne soit point pour elle. C'est une de ces douces créatures qui, lorsqu'on crie à l'assassin dans la rue, se retournent sur l'oreiller en se plaignant d'avoir été réveillées.

Grugel allait répondre; mais ils arrivaient au haut de la colline, la diligence s'était arrêtée, et le conducteur appelait les voyageurs en les pressant de remonter. Il venait, en effet, d'être rejoint par une estafette annonçant que le débordement de la Saône rendait le passage impossible par Villefranche, et l'avertissant de prendre à droite pour passer plus haut le Niseran et gagner Anse par un chemin détourné. La diligence qui les précédait, n'ayant pas pris cette précaution, avait été surprise par les eaux, et l'on parlait de plusieurs personnes noyées. Cette dernière nouvelle ne fut point heureusement communiquée aux voyageurs; mais en apprenant le long détour qu'il fallait faire, tous se récrièrent.

— Il y a une malédiction sur nous, dit Gontran, déjà contrarié de la lenteur du voyage.

— Je prévoyais la chose, monsieur, s'écria avec volubilité Pierre Lepré, auquel les deux postillons venaient d'échapper et qui se rabattait sur ses compagnons de route. On m'avait déjà dit en chemin que l'Ardière et la Vauzanne étaient hors de leur lit; reste même à savoir si nous pourrons passer à Anse, où nous trouverons les eaux de l'Azergues et de la Brevanne. Par où allons-nous prendre, conducteur? Passerons-nous par le bois d'Oingt? je connais le maire, moi... un grand maigre qui fume toujours. Mais à propos! dites donc, est-ce que nous ne nous arrêterons pas avant d'arriver à Anse?

— Impossible, répondit le conducteur brusquement; j'ai déjà huit heures en retard.

— Eh bien, mais où souperons-nous alors? s'écria le gros marchand de bœufs.

— Nous ne souperons pas, monsieur.

— Je déclare que je veux prendre un bouillon, interrompit d'une voix aigre mademoiselle Athénaïs de Locherais, qui mit la tête à la portière; je bois toujours un bouillon à cinq heures.

— Nous n'avons rien pris depuis ce matin, s'écrièrent tous les voyageurs.

— Montez, messieurs, reprit vivement le conducteur; une heure de retard peut nous empêcher d'arriver. Il n'y a point à plaisanter avec le débordement, surtout de nuit; je n'ai pas envie d'avoir ma voiture noyée.

— Noyée! s'écria mademoiselle Athénaïs; mais c'est horrible! Il fallait donc prévenir! Conducteur, j'exige que vous quittiez la vallée; vous répondez de moi, conducteur; je me plaindrai aux chefs...

La diligence, en partant, coupa la parole à la vieille fille, qui se laissa retomber dans son coin avec une exclamation lamentable.

Jacques Grugel se crut obligé de lui dire que le détour qu'ils allaient faire les éloignait de la Saône, et écartait ainsi tout danger.

— Mais où aurai-je mon bouillon? demanda la vieille fille un peu rassurée.

— Nous ne nous arrêterons qu'à Anse, reprit Lepré; le conducteur l'a dit, et Dieu sait quels chemins nous allons trouver! Routes départementales, c'est tout dire! Et cependant je connais l'ingénieur, c'est un homme de talent; son fils s'est marié le même jour que mon aînée. Mais nous n'arriverons pas avant demain.

Il y eut un cri général : la plupart des voyageurs n'avaient point mangé depuis le matin, comptant sur le repas qui se faisait habituellement à Villefranche, et Gontran proposait déjà, avec sa vivacité habituelle, de descendre de force au prochain village pour se faire servir un souper, lorsque le marchand de bœufs s'écria :

— Un souper ! j'en ai un à votre service.

— Quoi ! pour tout le monde ? demanda Lepré.

— Pour tout le monde, bourgeois. Je puis vous offrir trois services avec le dessert, et le petit coup de schnick par-dessus le tout.

En parlant ainsi, il tirait des poches de la voiture une demi-douzaine de paquets qu'il se mit à ouvrir en passant sa langue sur ses lèvres : c'étaient des provisions de tout genre, proprement enveloppées et ficelées avec soin.

— Ce sera un vrai festin, dit Lepré, qui avait aidé le marchand de bœufs à inventorier tous les paquets. — Peste ! monsieur... Pardon, comment vous nommez-vous ?

— Baruau.

— Juste ! Monsieur Baruau, comme vous vous nourrissez !

— Pourquoi donc serait-on à son aise, dit le gros homme avec un certain orgueil, si ce n'était pas pour manger du bon ? Au reste, ces messieurs et mademoiselle vont juger de ma cuisine.

Grugel se tourna vers Gontran et lui jeta un regard significatif.

— Eh bien ! dit-il à demi-voix et en souriant, voici les *grains d'or* que vous cherchiez.

— Des *grains d'or* ! répéta Baruau, qui ne comprenait point ; faites excuse, ce que je vous donne là est un saucisson aux truffes.

— Et ces messieurs veulent dire que pour des gens affamés il vaut de l'or, reprit Pierre Lepré en riant ; c'est une figure, monsieur Baruau. J'ai un fils qui a appris les figures en faisant sa rhétorique ; il m'a expliqué la chose. Mais pardon... Il faudrait d'abord que mademoiselle se servît.

On présenta les provisions à mademoiselle de Locherais qui retourna tous les morceaux, et finit par choisir les plus délicats, qu'elle mangea en se plaignant des privations auxquelles on était exposé en voyage. Pour la consoler, Baruau lui offrit un coup de vieux cognac ; mais mademoiselle de Locherais jeta un cri d'horreur.

— Du cognac à moi ! dit-elle avec indignation ; pour qui me prenez-vous, monsieur ?

— Vous aimeriez mieux du cassis, peut-être ? objecta le marchand de bœufs d'un air bonasse.

— Je ne bois pas plus de cassis que de cognac ! s'écria fièrement mademoiselle Athénaïs ; je ne bois jamais que de l'eau.

Et se tournant vers Grugel :

— Conçoit-on ce rustre ? murmura-t-elle ; m'offrir du cognac ! comme si les épices de ce qu'il nous a fait manger ne suffisaient pas pour brûler le sang ! Je suis sûre d'en être malade.

En achevant ces mots, elle s'arrangea dans son coin

de manière à tourner le dos au marchand de bœufs, releva un oreiller qu'elle avait apporté, y appuya sa tête, et s'assoupit.

La diligence continuait à avancer péniblement par des routes ravinées. Quoique humide, l'air était froid, et la nuit n'avait aucune étoile. Ranimé par le repas que la prévoyance gastronomique de Baruau lui avait permis de faire, Lepré reprit toute sa loquacité, et, bien que ses compagnons de voyage eussent depuis longtemps cessé de lui répondre, il continua à parler seul, sans s'inquiéter de savoir s'il était écouté.

Ce bruit de paroles, la lenteur de la marche, l'obscurité, le froid, avaient fini par causer à tous les voyageurs un malaise impatient qui s'exprimait à chaque instant par des bâillements, des tressaillements ou des plaintes étouffées. Darvon surtout semblait en proie à une irritation nerveuse qui s'augmentait d'instant en instant. Il avait déjà ouvert et refermé dix fois le store de la portière, appuyé sa tête à droite, à gauche, en arrière, placé ses jambes dans toutes les attitudes que lui permettait l'étroit espace dont il pouvait disposer; enfin, au point du jour, il se trouva à bout de patience.

— Je donnerais dix des jours qui me restent à vivre pour être au terme de ce voyage ! s'écria-t-il.

— Nous voici à Anse, répondit Grugel.

— C'est ma foi vrai, dit Lepré, qui s'était assoupi un instant. Holà ! conducteur, combien de temps restez-vous ici ?

— Cinq minutes, monsieur.

— Ouvrez la portière ; je puis aller dire un petit bonjour au maître de poste.

On ouvrit, et Baruau descendit avec Lepré pour renouveler ses provisions. Presque au même instant le buraliste s'approcha en demandant s'il y avait des places.

— Une seule, répondit Grugel.

— Comment ! s'écria mademoiselle de Locherais, qui venait de se réveiller en sursaut, monsieur voudrait-il par hasard faire monter quelqu'un ici ?

— Un voyageur pour Lyon.

— Mais c'est impossible, reprit la vieille fille ; nous sommes déjà affreusement gênés, monsieur ; vos voitures sont trop petites ; je me plaindrai à l'administration.

— Ah ! voici sans doute notre nouveau compagnon, reprit Grugel, qui regardait par la portière. M. Lepré s'en est déjà emparé.

— C'est un militaire ! s'écria mademoiselle de Locherais.

— Un sous-officier de chasseurs.

— Ah Dieu ! Et il va venir ici ! Mais comment n'oblige-t-on pas les soldats à voyager à pied ?

— Par un temps pareil, ce serait chose rude et fatigante, mademoiselle.

— N'est-ce donc pas leur métier ? Ces gens-là ne se fatiguent pas. Les voitures publiques vous exposent à des voisinages odieux !... sans compter que toutes vos habitudes sont dérangées. N'avoir rien de chaud, passer la nuit sans dormir, être pressée, étouffée !... Je ne comprends pas qu'un de ces messieurs ne monte pas sur l'impériale.

— Malgré le brouillard ?

— Qu'importe, pour des hommes !

— Mademoiselle serait en effet moins gênée, ajouta ironiquement Darvon, et c'est une proposition qu'elle pourra faire à notre nouveau compagnon.

— Moi ! parler à un soldat ! dit fièrement mademoiselle Athénaïs ; je préfère souffrir, monsieur !

— Le voici, interrompit Jacques.

Le sous-officier venait, en effet, de paraître devant la portière, suivi du buraliste avec lequel il se querellait. C'était un jeune homme à la tournure leste, mais dont le parler fanfaron et les manières soldatesques choquèrent Darvon au premier aspect. Il se plaignait du retard de la voiture qu'il attendait depuis la veille, et maltraitait de paroles le commis des messageries, dont les réponses étaient timides et embarrassées. Enfin le conducteur lui ayant déclaré qu'on allait partir, il s'approcha de la portière et regarda dans l'intérieur.

— Magnifique réunion, murmura-t-il, après avoir promené sur les voyageurs un regard impertinent ; si le coupé et la rotonde sont aussi bien garnis... Ah çà ! conducteur, vous n'avez donc pas de femmes ?

— L'insolent ! balbutia mademoiselle Athénaïs de Locherais.

— Au reste, reprit le soldat, en campagne on ne doit pas y regarder de si près.

Et il monta.

Gontran se pencha vers Grügel :

— Voici qui complète notre collection de ridicules, dit-il tout bas.

— Prenez garde qu'il ne vous entende, répliqua Jacques.

Darvon fit un mouvement d'épaule.

— Les fanfarons m'ont toujours inspiré plus de dégoût que de crainte, dit-il, et celui-ci aurait besoin d'une leçon de politesse.

Cependant Baruau était rentré sans Lepré. Après avoir envoyé chercher ce dernier à l'auberge, et l'avoir attendu quelques moments, la voiture partit sans lui, à la grande joie de mademoiselle de Locherais qui espérait être plus à l'aise. Mais cette joie fut de courte durée ; car le sous-officier, qui s'était d'abord placé sur l'autre banquette, vint s'asseoir à ses côtés. La vieille fille mécontente se rangea brusquement et rabattit son voile. Le militaire se tourna vers elle :

— Tiens ! dit-il d'un ton moqueur, madame a peur qu'on la regarde, à ce qu'il paraît ?

— Peut-être, monsieur, dit Athénaïs sèchement.

— Je comprends sa raison, reprit le sous-officier ; mais elle peut être calme, je me priverai de ce plaisir.

Et comme il vit le mouvement d'indignation de mademoiselle de Locherais :

— Ce que j'en dis, continua-t-il, est dans l'intérêt de sa santé, et pour lui permettre de respirer à visage découvert, d'autant qu'on manque d'air dans cette boîte ; il faudrait baisser la glace.

— Je m'y oppose, reprit vivement mademoiselle de Locherais ; mon médecin m'a défendu de m'exposer au vent du matin.

— Et moi le mien m'a défendu d'étouffer, répliqua le

jeune homme qui avança la main pour ouvrir le châssis.

Mais la vieille fille s'écria que la fenêtre était de son côté, qu'elle avait droit de la tenir fermée, et elle en appela aux autres voyageurs.

Quelque peu disposé que fût Darvon en faveur de mademoiselle de Lochérais, il crut devoir prendre sa défense, et il en résulta, entre lui et le chasseur, une discussion qui se fût envenimée, si Grugel n'eût cédé au jeune militaire sa place près de l'autre fenêtre.

Le sous-officier l'accepta de mauvaise grâce, et en conservant une sourde irritation contre Gontran.

Or, le lecteur a déjà pu s'apercevoir que les qualités dominantes de ce dernier n'étaient ni la résignation ni la patience. Les contrariétés du voyage avaient d'ailleurs exalté son irascibilité maladive : aussi le dissentiment qui avait déjà éclaté entre lui et le chasseur se renouvela-t-il plusieurs fois avec une aigreur croissante, jusqu'à ce qu'une dernière occasion le fit dégénérer en querelle.

Plusieurs menus bagages avaient été placés par Darvon dans le filet suspendu au plafond de la diligence ; le sous-officier prétendit qu'il en était gêné et exigea leur déplacement. Gontran s'y refusa.

— Vous êtes décidé à les laisser ? s'écria le soldat, après une discussion dans laquelle il s'était animé insensiblement.

— Décidé ! répondit Darvon.

— Eh bien ! je m'en débarrasserai par la portière, reprit le jeune homme en étendant la main vers le filet.

Gontran saisit cette main.

— Prenez garde à ce que vous allez faire, monsieur ;

dit-il d'une voix altérée ; depuis que vous êtes ici vous avez tout essayé successivement pour me faire perdre patience : dès votre entrée vous vous êtes posé comme ayant le privilége de l'injure et de la tyrannie ; mais sachez bien que je ne suis point homme à vous le reconnaître.

— Est-ce que c'est une menace, par hasard? demanda le soldat en jetant sur Gontran un regard dédaigneux.

— Nullement, interrompit Grugel, inquiet de la marche que prenait la discussion ; mon cousin vous fait seulement observer...

— Je n'accepte point d'observations des pékins, interrompit le militaire.

— Et les pékins n'acceptent point vos insolences, répliqua Gontran.

A ce mot d'insolence, le sous-officier tressaillit ; une rougeur rapide traversa ses traits.

— Où vous arrêtez-vous, monsieur? demanda-t-il à Darvon d'une voix que la colère faisait trembler.

— A Lyon, répondit celui-ci.

— Eh bien ! nous achèverons là de nous expliquer.

— Soit.

Jacques, effrayé, voulut s'entremettre ; mais son cousin et le chasseur l'interrompirent en même temps, et répétèrent que l'on terminerait cette affaire à Lyon.

Au même instant de grands cris se firent entendre, et la diligence fut rejointe par un char à bancs couvert de boue. Mademoiselle de Locherais mit la tête à la portière.

— Ah mon Dieu ! quel malheur ! s'écria-t-elle, c'est M. Pierre Lepré qui nous a rattrapés ; nous allons être au complet.

Dès qu'il eut atteint la voiture publique, le commissionnaire de marchandises coloniales sauta du char à bancs, et se présenta à la portière que le conducteur venait d'ouvrir.

— Ah! vous partez ainsi sans attendre les voyageurs! criait-il furieux.

— Je vous ai prévenu trois fois, objecta le conducteur.

— On prévient six fois, monsieur; on prévient douze fois : vous êtes donc bien avare de vos paroles? Qu'est-ce que cela coûte de parler? Je ne pouvais pas quitter le maître de poste, peut-être, pendant qu'il m'expliquait le malheur arrivé à la diligence d'hier; car vous ne savez pas, messieurs, que la diligence qui précédait celle-ci a été noyée.

— Noyée! répétèrent toutes les voix.

— C'est bon, interrompit le conducteur, mais montez.

— Du tout, ce n'est point bon, reprit Pierre Lepré; tout le monde est dans la consternation.

— Je vous en prie, montez tout de suite...

— Et que vont penser nos familles quand elles apprendront ce désastre!

— Vite donc...

— Encore, allais-je obtenir des détails, quand on est venu m'avertir que vous étiez partis sans moi...

— Et nous allons en faire encore autant, dit le conducteur impatienté.

— Par exemple! s'écria Lepré, qui se hâta de monter; j'en ai assez de ce char à bancs; me voilà, conducteur, enlevez!

On accabla de questions le commissionnaire en épiceries, et il raconta tout ce qu'il avait appris; puis, s'interrompant selon son habitude, en reconnaissant le jeune sous-officier, il s'écria :

— Eh! c'est monsieur que j'ai eu l'honneur de voir à Anse?

— Moi-même, répondit le chasseur.

— Enchanté de vous retrouver, dit Lepré. Tel que vous me voyez, je suis l'ami né de tous les militaires; j'aurais même servi si on ne m'avait pas trouvé un remplaçant.

Il fut interrompu par mademoiselle Athénaïs, qui venait de s'apercevoir qu'il était mouillé.

— C'est cette damnée brume, dit-il en s'essuyant avec son mouchoir.

— Mais on ne monte pas en voiture dans un pareil état, reprit mademoiselle de Locherais d'un air mécontent; quand on a commencé à recevoir le brouillard, on reste dehors.

— Pour se sécher? demanda Lepré en riant; grand merci! j'en avais assez; puis mon cocher était ivre; il a failli conduire son char à bancs dans la rivière.

— Ah! diable.

— C'eût été à ajouter à la diligence d'hier; à moins pourtant qu'il ne se fût trouvé là quelque brave pour nous repêcher! Ça s'est vu, après tout. Il y a trois ans, lors de la grande inondation, un ouvrier a sauvé seul cinq personnes qui se noyaient dans une voiture près de la Guillotière.

— Nous le savons d'autant mieux, dit Grugel, que mon cousin y avait son meilleur ami.

— Vrai! demanda le chasseur.

— Et il ne dut son salut qu'au dévouement de ce jeune homme.

— Oh! tous les détails de cette action sont admirables, reprit Darvon avec chaleur; le cheval effrayé avait emporté la voiture au plus fort du courant; la foule regardait du rivage sans oser porter secours; il n'y avait plus d'espoir pour les cinq personnes qui se trouvaient dans la calèche.

— Bah! interrompit le chasseur, il y en avait peut-être qui savaient nager et qui se seraient tirées d'affaire.

Gontran dédaigna de répondre.

— La voiture commençait à enfoncer, continua-t-il, lorsqu'un ouvrier parut dans une petite barque qu'il manœuvrait avec peine au milieu du Rhône; trois fois elle fut sur le point de couler. Les gens qui regardaient du rivage lui criaient :— N'allez pas plus loin; abordez, vous allez périr. Mais il n'écoutait pas, avançant toujours vers la calèche, qu'il atteignit enfin à force de courage et d'adresse.

— Et de bonheur, acheva le militaire.

— Sans doute, reprit Grugel, qui avait remarqué le mouvement d'impatience de Gontran; mais il n'y a que les gens de cœur à avoir de ces bonheurs-là.

— C'est un beau trait, interrompit mademoiselle Athénaïs de Locherais, et qui a dû profiter à son auteur.

— Pardonnez-moi, madame; dit Darvon, l'ouvrier a sans doute jugé que la véritable récompense de nos généreuses actions était en nous; car, une fois les gens sauvés, il s'est retiré sans vouloir rien recevoir ni rien entendre.

— Pardieu! c'eût été beau de se faire payer! s'écria le sous-officier.

— Et on ne sait point son nom? demanda Lepré.

— Pardon; il se nommait Louis Duroc.

— Hein! vous dites, Louis...

— Duroc.

Lepré se tourna vers le sous-officier.

— Mais c'est votre nom! s'écria-t-il.

— Le nom de monsieur! répétèrent à la fois tous les voyageurs.

— Louis Duroc, dit l'*Africain*; je le lui ai demandé à Anse, pendant que nous causions à l'auberge, et je l'ai vu d'ailleurs sur son porte-manteau.

— Eh bien! après? demanda le chasseur en riant; certainement que c'est mon nom.

— Se peut-il! interrompit Gontran; et vous seriez...

— L'ouvrier en question; oui, messieurs; ça n'a pas besoin de se dire, mais ça n'a pas besoin non plus de se cacher. Je suis entré au service huit jours après la chose; et mon régiment est parti pour Alger, ce qui fait que les bourgeois de la calèche et moi nous nous sommes perdus de vue; mais je compte les revoir pendant mon séjour à Lyon.

— Je vous y conduirai! dit vivement Darvon en lui tendant la main; car je veux que nous soyons amis, monsieur Louis.

— Nous? répéta le militaire, qui regarda Gontran avec hésitation.

—Ah! oubliez tout ce qui s'est passé, reprit celui-ci ; je suis prêt, s'il le faut, à reconnaître que j'ai eu tort...

— Non, interrompit Duroc, non, parbleu! c'est moi qui ai fait la mauvaise tête, et j'en ai regret, parole d'honneur! Sotte habitude de régiment, voyez-vous! Parce qu'on n'a pas peur, on veut le montrer à toute occasion, à tout venant, et l'on fait le sabreur ; mais, au fond, on est bon enfant ; ainsi, sans rancune, monsieur.

Il avait pressé cordialement la main de Gontran ; Lepré serra également la sienne.

— A la bonne heure! s'écria-t-il ; vous êtes un vrai Français... de même que monsieur... ; et entre Français, on doit s'entendre. Enchanté d'avoir fait votre connaissance, monsieur Louis Duroc. Mais, à propos, savez-vous que c'est fort heureux que je vous aie obligé à m'apprendre votre nom (que vous ne vouliez pas me dire, par parenthèse)? Sans moi on n'aurait point su ce que vous valiez.

— C'est juste! répliqua Grugel en regardant Darvon ; si monsieur eût été moins *causeur*, cette explication n'eût point eu lieu, et, sans elle, le cousin se serait mépris sur le véritable caractère de M. Louis. Vous voyez que le hasard semble avoir pris à tâche d'appuyer ma thèse, et que tout l'honneur de la journée est à moi.

Comme il achevait ces mots, la voiture s'arrêta : ils étaient arrivés.

Les voyageurs trouvèrent, en descendant, la cour des Messageries pleine de parents ou d'amis qui attendaient. Le malheur arrivé la veille était connu, et avait éveillé toutes les angoisses.

Au moment où Darvon mettait pied à terre, il entendit prononcer son nom et se détourna : c'était sa sœur à qui l'inquiétude avait fait oublier leur brouillerie, et qui s'élança vers lui avec un cri de joie.

Tous deux s'embrassèrent longtemps sans rien dire, mais les yeux humides de larmes ; et quand ils se regardèrent, quand ils se prirent par la main en souriant, ils étaient réconciliés !

Comme ils sortaient ensemble de la cour des Messageries, ils rencontrèrent leurs compagnons de route. Baruau et Lepré les saluèrent ; Louis Duroc leur renouvela la promesse de les aller voir ; mademoiselle Athénaïs de Locherais passa seule sans les regarder, uniquement occupée de veiller à ses bagages. Jacques Grugel se tourna alors vers Gontran.

— Voici la seule objection à ma doctrine, dit-il en montrant la vieille fille. Tous nos autres compagnons se sont plus ou moins réhabilités à nos yeux : le gourmand en nous procurant un souper, le bavard en nous révélant un secret utile, le querelleur en nous donnant une preuve de sa généreuse bravoure ; mais à quoi nous a servi le froid égoïsme de mademoiselle de Locherais?

— A me faire sentir ce que vaut le dévouement et la tendresse, répondit Gontran, qui serra le bras de sa sœur contre sa poitrine ; ah ! j'adopte votre système, cousin : à partir d'aujourd'hui, je croirai qu'il y a un bon côté dans toute chose, et qu'il faut seulement savoir chercher *la veine d'or*.

DEUXIÈME RÉCIT

UN SECRET DE MÉDECIN

Comme toutes les rues de Versailles, la rue des *Réservoirs* est déserte et silencieuse de bonne heure. Dès que l'ombre du soir commence à descendre, les portes se ferment, les rideaux s'abaissent; et l'on n'aperçoit plus, dans cette large voie destinée aux trains de carrosse et aux trains de chasse de la cour du grand roi, que quelques passants attardés qui regagnent à la hâte leur logis.

Un de ceux-ci venait d'atteindre un pavillon à un seul étage, situé presque à l'extrémité de la rue. Il en ouvrit lui-même la porte au moyen d'une petite clef, et l'on put bientôt apercevoir du dehors une faible lumière qui s'allumait au rez-de-chaussée, et qui se promena quelque temps à l'intérieur, comme pour la dernière inspection du soir.

Qui eût pu la suivre l'eût d'abord vue éclairer un salon meublé avec ce luxe faux et pour ainsi dire regretté qui indique le sacrifice fait aux exigences de la position; puis un cabinet dont le bureau au cuir brillant et aux cartons sans tache prouvait l'inutilité habituelle; enfin un escalier étroit conduisant à une chambre à coucher où elle s'arrêta. Ici l'élégance économique du rez-de-chaussée avait fait place à une indigence visible. Le lit, bas et sans rideaux, était recouvert d'une cotonnade déteinte; quelques chaises de paille, une table et un secrétaire démodé complétaient l'ameublement, dont l'insuffisance, opposée au luxe du rez-de-chaussée, prouvait la dure nécessité, imposée à tous ceux qui commencent, de retrancher sur le nécessaire afin de pouvoir se parer du superflu.

Telle était, en effet, la position de M. Auguste Fournier, alors locataire du pavillon de la rue des *Réservoirs*. Reçu docteur en médecine après de sérieuses études qui avaient absorbé la meilleure partie du petit héritage laissé par son père, il avait dû employer le reste à s'établir assez richement pour ne point repousser la confiance. Condamné à une aisance apparente qui masquait de cruelles privations, il attendait le succès sous ce déguisement de prospérité.

Mais depuis près d'une année qu'il habitait Versailles, les yeux fixés sur l'horizon comme sœur Anne, il ne voyait, comme elle, que la poussière du présent et les vertes espérances de l'avenir. Ses ressources s'épuisaient sans lui amener la clientèle toujours rêvée et toujours invisible.

Cependant les besoins de la réussite devenaient chaque mois plus pressants. Le jeune docteur, aiguillonné par l'inquiétude, avait cherché autour de lui des protections et n'avait trouvé que des préoccupations personnelles. On vantait son instruction, son zèle, sa scrupuleuse délicatesse; mais on s'arrêtait là : lui rendre justice exemptait de lui rendre service. En dernier lieu il avait sollicité avec beaucoup de persistance et d'effort, l'emploi de médecin près d'un hospice qu'un legs philanthropique allait permettre d'élever dans le voisinage ; malheureusement ceux qui auraient pu l'appuyer n'avaient pas trop de toute leur influence pour eux-mêmes : quelques promesses lui avaient été faites, quelques espérances données : puis chacun était retourné à ses propres affaires, et le jeune médecin venait d'apprendre qu'un concurrent mieux servi l'avait emporté !

Cette dernière déception redoublait la tristesse qui depuis quelque temps assombrissait ses réflexions. Après avoir jeté un coup d'œil découragé sur la nudité de sa chambre à coucher et s'être occupé lui-même de tous ces arrangements domestiques habituellement épargnés aux hommes d'étude, il s'approcha de l'une des fenêtres et appuya pensivement son front contre la vitre humide.

De ce côté s'étendait une cour commune sur laquelle s'ouvraient le pavillon du jeune docteur et une vieille masure lézardée qu'habitait un ancien huissier nommé M. Duret. Ce dernier, connu dans tout le quartier pour son avarice, était propriétaire des deux maisons ainsi que d'un jardin abandonné qu'une grille de bois vermoulu séparait de la cour. Une pauvre fille dont il était parrain, et qu'il avait recueillie tout enfant, tenait son ménage. Il s'était ainsi assuré, sous l'apparence d'une bienfaisante protection, une sorte de domestique sans gages, qui partageait avec reconnaissance sa pauvreté volontaire.

Rose ne s'était, du reste, ni hébétée, ni endurcie dans cette rude condition; loin de là : son âme, chassée du réel qui la blessait, avait, pour ainsi dire, pris sa volée vers les plus hautes régions de l'idéal. Toujours seule, elle avait fécondé cette solitude par la réflexion. Ignorante et sans moyens d'apprendre, elle s'était résignée à relire mille fois les quelques livres que le hasard avait fait tomber entre ses mains et elle en avait extrait tout le suc et tout le parfum!

Cependant, depuis l'arrivée de M. Auguste Fournier, le cercle de ses lectures s'était un peu agrandi. Le jeune homme lui avait prêté quelques classiques égarés dans sa bibliothèque médicale, et ces prêts étaient devenus l'occasion de rapports de voisinage, restreints, du reste, à de courts entretiens.

Depuis plusieurs jours, les inquiétudes personnelles

du docteur l'avaient empêché de songer à Rose, lorsqu'il l'aperçut traversant vivement la cour et se dirigeant vers son pavillon. Près d'arriver à la petite porte de derrière, elle leva la tête, reconnut M. Fournier à sa fenêtre, lui fit un signe, et prononça quelques paroles qu'il n'entendit pas.

Le jeune médecin se hâta de descendre pour ouvrir.

Rose, dont les traits fatigués et sans fraîcheur semblaient contredire le nom, était encore plus pâle que d'habitude, et la pauvreté de ses vêtements devenait plus apparente par un désordre qui frappa le jeune médecin.

— Qu'est-ce donc? qu'avez-vous? demanda-t-il.

Elle paraissait émue, embarrassée, et répondit:

— Pardon... j'aurais voulu... Je venais vous demander un service... un grand service.

— Parlez, dit M. Fournier, en quoi puis-je vous être utile?

— Ce n'est pas à moi, mais à mon parrain. Depuis huit jours il souffre, il s'affaiblit... Ce matin encore il a pu se lever; mais tout à l'heure, en se recouchant, il s'est évanoui!

— Je vais le voir, interrompit le jeune docteur, qui fit un pas en avant.

Rose le retint du geste.

— Mon Dieu! excusez-moi, dit-elle en balbutiant... mais mon parrain a toujours refusé d'appeler des médecins.

— Je me présenterai comme voisin.

— Et sous quelque prétexte, n'est-ce pas?... M. le docteur pourrait, par exemple, demander le prix de l'écurie et de la petite remise... tous deux lui deviendront nécessaires quand il aura son cabriolet.

Un sentiment d'amertume traversa le cœur du jeune homme. Autrefois, en effet, aux premiers jours d'illusion, il avait laissé voir cette espérance lointaine.

— Soit, dit-il d'un ton bref.

Et, refermant la porte du pavillon, il suivit la jeune fille jusqu'à la masure habitée par le père Duret.

Sa conductrice le pria d'attendre quelques instants à la porte et de n'entrer qu'après elle, afin que son parrain ne pût rien soupçonner.

Il s'arrêta en effet sur le seuil, entendit le malade demander à Rose si le jardin était bien fermé, si elle avait éteint le feu, si le seau n'était point resté au puits ; inquiétudes d'avare auxquelles la jeune fille répondit de manière à le tranquilliser. Cependant la voix saccadée et sifflante avait frappé le médecin. Il se décida à franchir les deux marches d'entrée, et entra bruyamment, comme un visiteur qui veut s'annoncer ; mais il fut subitement arrêté par l'obscurité.

L'unique pièce qui formait le logement du vieil huissier et dans laquelle il était alors couché, n'avait d'autre lumière que celle du réverbère qui éclairait la rue, et dont la lointaine lueur transformait la nuit de la masure en ténèbres visibles auxquelles le regard avait besoin de s'habituer. Celui du malade reconnut sur-le-champ son jeune locataire. Il se souleva sur son coude :

— Le docteur ! s'écria-t-il avec effort ; j'espère qu'il

ne vient pas pour moi ! Je ne l'ai point demandé ; je me porte bien !

— Aussi n'est-ce pas une visite de médecin, mais de locataire, répondit M. Fournier qui s'approchait du lit à tâtons.

— De locataire ! répéta l'ancien huissier ; c'est donc pour le terme ? Je ne savais pas le terme échu... Alors vous apportez de l'argent... Allume une chandelle, Rose, allume vite !

— Pardon, dit le jeune docteur qui était enfin arrivé au chevet du père Duret, mon terme commence à peine, et je viens seulement savoir si vous pourriez, au besoin, me trouver place pour une voiture et un cheval.

— Ah ! il s'agit des hangars, reprit le vieillard ; bien bien. Veuillez vous asseoir, voisin... Nous n'avons pas besoin de chandelle, Rose, la lanterne suffit ; on cause mieux sans lumière. Donne ma tisane seulement.

La jeune fille lui apporta une tasse grossière qu'il vida avec l'avidité haletante que donne la fièvre.

— Mon remède ordinaire, docteur, répondit le malade, un bouillon de *parelle* ; c'est plus sain que toutes vos drogues, et ça ne coûte que la peine de cueillir la plante.

— Et vous buvez froid ?

— Pour ne pas garder de feu ; le feu me gêne... puis le bois est hors de prix... Quand on tient à nouer les deux bouts, il faut savoir être économe. Je ne veux pas faire comme ce scélérat de Martois avec qui j'ai tout perdu !

Martois était un débiteur de l'ancien huissier, mis

autrefois en faillite. Le père Duret avait été remboursé intégralement ; mais il n'en répétait pas moins, depuis lors, que Martois l'avait ruiné : c'était pour lui un thème inépuisable, comme la petite vérole pour les vieilles femmes laides, et la révolution pour les nobles sans argent.

M. Fournier eut l'air d'abonder dans le sens du malade, et s'approcha davantage. Ses yeux, qui s'accoutumaient à l'obscurité, commençaient à distinguer le visage du vieillard, marbré de plaques rouges annonçant l'ardeur de la fièvre. Tout en continuant de lui parler, il prit une de ses mains qui était brûlante, écouta sa respiration entrecoupée, et acquit la conviction que son état était plus grave qu'il ne l'avait d'abord supposé. Il voulut y ramener l'attention du père Duret, afin de le décider à quelques remèdes ; mais celui-ci s'était engagé dans le détail des avantages que présentait le hangar à louer et ne prenait point garde à autre chose.

Cependant sa voix, qui devenait plus entrecoupée depuis quelques instants, s'arrêta tout à coup. Le jeune médecin se pencha vivement sur lui, et cria à la jeune fille d'apporter une lumière. Pendant qu'elle s'empressait de l'allumer, il souleva la tête du vieillard, seulement évanoui, lui fit respirer des sels qu'il portait toujours sur lui, et ne tarda pas à lui faire reprendre ses sens.

Rose accourut dans ce moment. Le père Duret, qui rouvrait les yeux, avança la main, voulut parler, et ne fit entendre que quelques sons inarticulés ; mais comme la jeune fille s'approcha pour tâcher de comprendre, il fit un effort désespéré, redressa la tête, et souffla la chandelle qu'il éteignit!

Cependant le médecin en avait vu assez pour s'assurer que de prompts secours étaient indispensables. Il prit congé du vieil huissier, en lui recommandant le repos et promettant de venir lui reparler de l'affaire en question. Rose le suivit au delà du seuil.

— Eh bien? demanda-t-elle avec anxiété.

— La maladie s'annonce avec des symptômes sérieux, dit Fournier; je vais vous écrire une ordonnance que vous exécuterez rigoureusement.

— Il faudra des remèdes? fit observer la jeune fille avec une sorte d'inquiétude.

— Quelques-uns : il suffira de présenter mon billet, le pharmacien vous les remettra.

Rose parut embarrassée; le jeune homme en devina la cause.

— Ne vous inquiétez pas maintenant du prix, continua-t-il; tout sera fourni en mon nom, et plus tard je réglerai avec le père Duret.

— Oh! merci, monsieur, dit la jeune fille, dont le regard brilla de reconnaissance; mais mon parrain comprendra que ces remèdes doivent être payés un jour, et je crains qu'il ne les refuse. Si monsieur le docteur me permettait de dire qu'ils ont été fournis par lui... gratuitement!... je trouverais plus tard, moyen de tout solder sur le prix de mon travail!...

— Soit! répliqua Fournier qui souffrait de la rougeur et de l'embarras de la pauvre fille; faites pour le mieux; je vous aiderai.

Il voulut même, pour rendre son dire plus vraisemblable aux yeux du père Duret, la renvoyer près de son lit, tandis qu'il allait chercher lui-même les remèdes.

Il fallut, pour décider le vieil huissier à les prendre, lui répéter, à plusieurs reprises, que c'était un pur don du voisin. Persuadé enfin que sa guérison ne lui coûterait rien, il se prêta docilement à tout ce qui lui était ordonné.

Mais le mal avait déjà fait de tels progrès que les efforts de la science devaient demeurer inutiles. A travers ses alternatives de fièvre et d'anéantissement, le vieillard déclinait chaque jour, et Fournier vit bientôt qu'il fallait abandonner tout espoir. Il renonça, en conséquence, à des remèdes devenus impuissants, et ouvrit un libre champ aux fantaisies de Duret. Celui-ci en profita pour exprimer mille désirs et former mille projets; mais, au moment de l'exécution, l'avarice venait toujours arrêter le projet et éteindre le désir. Sentant vaguement que les sources de la vie se tarissaient en lui, il exagérait les nécessités de la prévoyance, afin de se faire illusion et de se croire un long avenir!

Quinze jours s'écoulèrent ainsi. Rose continuait à montrer la même patience et la même abnégation. Pliée depuis dix années à ce joug de la pauvreté volontaire, elle l'acceptait sans révolte : elle plaignait son parrain au lieu de l'accuser, et n'avait jamais désiré la richesse que pour l'en faire jouir. Le jeune médecin découvrait, à chaque visite, quelque nouveau trésor dans cette âme, qui tirait tout d'elle-même et ne demandait aux autres que le bonheur de se dévouer pour eux.

L'intérêt chaque jour plus grand qu'il prenait à la jeune fille se reportait sur le vieil huissier, seul ami qui lui restât dans le monde. Quelque dure qu'eût été sa protection, Rose lui avait dû l'apparence d'une famille. En ne voulant être que son maître, le père Duret avait été pour elle un appui. Mais qu'allait-elle devenir après sa mort? Elle n'avait rien à attendre de la fortune de son parrain; car celui-ci avait un cousin, Étienne Tricot, riche fermier établi dans les environs, et avec lequel il avait toujours été dans les meilleurs termes. Tricot, qui rendait de temps en temps visite au père Duret, afin de mesurer la distance qui le séparait de son héritage, arriva justement avec sa femme au plus fort de la maladie. C'était un de ces paysans madrés qui se font grossiers pour avoir l'air franc, et parlent bien haut pour faire croire à ce qu'ils disent.

A la vue du cousin mourant, il commença des lamentations auxquelles celui-ci coupa court en déclarant que ce n'était rien, et que dans quelques jours il n'y paraîtrait plus. Tricot le regarda de côté avec une hésitation inquiète.

— Vrai? dit-il; eh bien, foi d'homme! ça me fait tout plein de plaisir... Alors, vous vous sentez mieux?

— Beaucoup, beaucoup! balbutia Duret.

— A la bonne heure! reprit le paysan, qui regardait toujours le malade d'un air incertain; faut pas que les braves gens soient malades... Le médecin est venu, peut-être?

— Il vient tous les jours, répliqua le vieil huissier.

— Et qu'est-ce qu'il a dit?

— Qu'il n'y avait rien à faire, que tout irait bien.

— Ah! ah! voyez-vous ça! reprit Tricot déconcerté; au fait, vous êtes bâti à chaux et à sable, cousin; c'est quelque froid que vous avez attrapé; mais le creux est toujours bon.

— Oui, oui, dit Duret, qui tenait à persuader les autres du peu de gravité de son mal, afin de s'en persuader lui-même; il n'y a que les forces qui manquent, mais ça reviendra.

— Et nous vous apportons de quoi pour ça, interrompit Perrine Tricot, en tirant de son panier une oie toute plumée et trois bouteilles pleines. Voici une bête qu'on a engraissée exprès pour vous, cousin... avec un échantillon de notre piqueton de l'année; faut y goûter, ça vous refera l'estomac.

Duret jeta un regard sur les bouteilles et sur l'oie. Séduit par l'idée d'un régal qui ne lui coûtait rien, il appela Rose, lui montra les provisions, et déclara qu'il voulait souper avec le fermier et Perrine. La jeune fille, accoutumée à une soumission passive, et forte d'ailleurs de la liberté entière laissée par M. Fournier, obéit à son parrain sans faire d'objections.

Bientôt le parfum de l'oie rôtie remplit la chambre du malade, dont l'estomac, appauvri par de longues privations, se sentit excité par ces succulents effluves. Il se ranima à l'espoir du festin sans frais, fit dresser la table près de son lit, et trouva dans l'arriéré de ses appétits si longtemps inassouvis, un reste de soif et de faim pour cette bonne chère inattendue. Tricot remplit son verre qu'il vida d'une main tremblante pour le faire remplir de nouveau. Le vin et la nourriture, loin d'accroître son mal, au premier instant, semblèrent exalter ses forces brisées : il se redressa plus ferme ; une demi-ivresse fit briller ses yeux; il se mit à parler tout haut de ses projets, à serrer les mains du cousin et de la cousine, en répétant que c'étaient ses vrais parents et en leur donnant des conseils sur ce qu'ils devraient faire de son *pauvre héritage*. Tricot et sa femme pleuraient d'attendrissement. Enfin, lorsqu'ils laissèrent le vieil huissier pour quelques courses indispensables dans la ville, ce fut avec promesse de venir prendre congé de lui avant de repartir.

Fournier arriva au moment où ils sortaient. Il vit le malade les suivre d'un regard narquois jusqu'au delà du seuil, achever son verre, puis faire claquer sa langue avec un rire moqueur.

— Eh bien, voisin, il paraît que nous sommes mieux? dit le médecin étonné.

— Mieux... bégaya Duret à moitié ivre; oui, oui, bien mieux, grâce à leur dîner... Ah! ah! ah! ils font la cour à ma succession avec des oies... et du vin nouveau!... J'accepte tout, moi... Faut toujours accepter, c'est plus poli.

— Ainsi vous croyez que leur générosité est un calcul? demanda Fournier en souriant.

— Un placement, voisin, un placement à mille pour un... Ils croient que je suis leur dupe, parce que je bois le vin et que je mange l'oie... élevée pour moi, comme dit la femme Ah! ah! ah! nous verrons qui rira le dernier.

— Auriez-vous donc le projet de tromper leur espérance ?

— Pourquoi pas ?... le peu que j'ai m'appartient, je suppose... je peux en disposer comme il me plaira; et dans le cas où je voudrais favoriser une jeune fille...

— Mademoiselle Rose! interrompit vivement le jeune homme; ah! si vous faites cela, père Duret, vous aurez pour vous tous les honnêtes gens.

Le vieil huissier haussa les épaules.

— Bath! les honnêtes gens, balbutia-t-il, que m'importe! Ce qui m'amuse, c'est de tromper le gros... et sa femme.

A cette idée, Duret éclata de rire; mais ce rire convulsif alla s'éteindre dans une suffocation subite qui le fit retomber en arrière. Fournier s'empressa de lui donner tous les soins que réclamait un pareil accident. Il revint à lui, recommença à parler, et retomba bientôt dans un nouveau spasme plus inquiétant que le premier. La surexcitation à laquelle il venait de s'exposer avait usé chez lui les derniers ressorts de la vie, et, par suite, hâté la crise suprême. Le jeune médecin vit avec effroi que ces suffocations de plus en plus rapprochées, se transformaient en agonie. Duret, dégrisé par le mystérieux pressentiment de la mort, commençait à s'effrayer.

— Ah! monsieur Fournier, je suis mal... bien mal, dit-il d'une voix entrecoupée... Est-ce qu'il y a du danger?... avertissez-moi, s'il y a du danger... Avant de mourir... j'ai un secret à dire...

— Dites-le toujours, répliqua le jeune homme.

— C'est donc vrai! reprit Duret égaré... Il n'y a plus d'espoir... plus aucun... Mon Dieu! il faut renoncer à tout ce que j'ai amassé... avec tant de peine... tout laisser aux autres... tout... tout!

L'avare se tordait les mains avec une rage désespérée.

Fournier s'efforça de le calmer en lui parlant de Rose, alors sortie, mais qui allait rentrer.

— Oui, je veux la voir, murmura Duret (se rattachant, comme tous les agonisants, à ceux qui leur survivent, afin de se reprendre par leur moyen à la vie); pauvre fille!... Ils voudront la dépouiller; mais j'ai fait sa part... elle n'a qu'à chercher...

Il s'arrêta.

— Où cela? demanda Fournier, penché sur le lit.

— Ah! il y a... encore... de l'espoir... soupira Duret... Dites... ce n'est... qu'une faiblesse...

— Où votre filleule doit-elle chercher? répéta le jeune homme, qui voyait les yeux du moribond se vitrer.

— Ouvrez... la fenêtre... bégaya l'huissier; je veux voir... le jour... — Allez au jardin... là-bas... derrière le puits... le chapiteau...

La voix s'éteignit... Le jeune médecin vit les lèvres remuer encore quelque temps, comme si elles eussent essayé des paroles qu'on ne pouvait plus entendre; un frémissement convulsif agita la face, puis tout resta immobile. Maître Duret avait rendu le dernier soupir.

Rose rentra peu après. Sa douleur, en apprenant la mort de son parrain, fut silencieuse, mais sincère. C'était le seul homme qui eût pris garde à son existence; et, ne connaissant encore la pitié humaine que par ce dur bienfaiteur, sa tendresse s'était reportée sur lui, faute d'un plus digne.

Le cousin Tricot et sa femme la trouvèrent agenouillée près du mort, le visage appuyé sur une de ses mains qu'elle baignait de larmes. Ils venaient d'apprendre que la succession de l'huissier était ouverte, et ils accouraient, bien moins pour rendre leurs devoirs au défunt que pour assurer leurs droits sur ses dépouilles. Tous deux commencèrent par prendre possession de la maison en s'emparant des clefs cachées sous le traversin du mort; puis Tricot laissa sa femme à la garde de l'héritage, et courut remplir les formalités nécessaires pour les funérailles. Rose attendit vainement de la paysanne un mot de sympathie ou d'encouragement : on la laissa désolée près du mort, jusqu'au moment où l'on vint enlever sa bière.

La jeune fille eut le courage de suivre le convoi au cimetière ; mais lorsqu'elle revint, ses forces étaient brisées et son courage à bout. Arrivée près du seuil, elle hésita à le franchir. Tricot et sa femme, qui étaient déjà rentrés, avaient commencé l'inventaire de ce qui allait leur appartenir : les armoires étaient ouvertes, les meubles en désordre... Rose sentit son cœur se serrer et s'assit sur le banc de pierre dressé près de la porte.

Les mains jointes sur ses genoux et la tête baissée, elle laissait couler ses pleurs silencieusement. Une voix qui la nommait lui fit relever les yeux; elle reconnut M. Fournier.

Celui-ci l'avait aperçue en rentrant, et, touché de son

abandon, il venait lui adresser quelques consolations.

Rose ne put d'abord répondre que par des larmes. Le jeune homme lui demanda doucement pourquoi elle restait ainsi dehors, et l'engagea à braver l'impression douloureuse qu'elle devait éprouver en rentrant.

— L'affliction ressemble à nos amers breuvages, dit-il : le mieux est de la boire d'un seul trait ; les pauses et les retards multiplient la douleur en la divisant.

— Pardon, monsieur, dit Rose à demi-voix, ce n'est point par ménagement pour mon chagrin que je reste ici : mais si j'entrais, j'aurais peur de gêner les parents.

— Ils sont donc venus? demanda le jeune homme.

— Avec M. Leblanc.

— L'ancien notaire condamné pour escroquerie?

— Prenez garde, il peut vous entendre !

Fournier jeta un regard dans l'intérieur, et vit le cousin Tricot et sa femme occupés à vider les armoires.

— Dieu me pardonne ! ils prennent tout ! s'écria-t-il.

— Ils en ont le droit, répliqua Rose doucement.

— C'est ce qu'il faut savoir, reprit Fournier en franchissant le seuil.

L'ex-notaire qui triait les papiers d'un grand portefeuille trouvé dans l'armoire du défunt, se retourna.

— Arrêtez, monsieur, s'écria le jeune homme ; ce n'est point à vous d'examiner ces titres !

— Pourquoi cela? demanda M. Leblanc.

— Parce qu'ils peuvent intéresser la succession du mort.

— Eh bien, pardieu ! la succession, c'est-il pas à nous qu'elle revient? s'écria Tricot.

— Qu'en savez-vous? répliqua Fournier; le père Duret peut avoir laissé un testament.

— Un testament! répétèrent le paysan et sa femme, en se regardant avec effroi.

— Monsieur en serait-il dépositaire? demanda Leblanc d'un ton doucereux.

— Je ne dis point cela, reprit le médecin; mais le défunt m'a positivement déclaré à cet égard son intention.

— Et monsieur devait sans doute être son légataire? demanda Leblanc avec la même politesse ironique.

Le médecin rougit.

— Il ne s'agit point de moi, monsieur, répliqua-t-il avec impatience, mais de la filleule du père Duret.

— Ah! c'est pour Rose? interrompit Perrine Tricot d'une voix criarde; le bourgeois est donc son parent, pour prendre comme ça ses intérêts?

— Je suis son ami, madame.

Les deux Tricot l'interrompirent par un grossier éclat de rire.

— Alors monsieur a sans doute une procuration? objecta Leblanc.

— J'ai la résolution arrêtée de faire respecter ses droits par tous les moyens en mon pouvoir, dit Fournier, qui évita de répondre directement; bien qu'étranger à l'étude des lois, je sais, monsieur, qu'elles ordonnent, dans le cas où vous vous trouvez, certaines formalités protectrices dont nul ne peut s'affranchir. Avant d'entrer en possession de l'héritage du mort, il faut savoir à qui il appartient.

— Et si nous le prenons provisoirement? fit observer M. Leblanc, qui continuait à parcourir les papiers du portefeuille.

— Alors on pourra vous demander compte de la violation de la loi.

— Au moyen d'un procès, n'est-ce pas? mais un procès coûte cher, monsieur le docteur, et votre protégée aurait, je crois, quelque peine à payer les frais de timbre, de procédure, d'enregistrement!

— C'est-à-dire que vous abusez de sa pauvreté pour attenter à ses droits ! s'écria Fournier indigné.

— Nous en usons seulement pour sauvegarder les nôtres, répondit tranquillement M. Leblanc.

— Eh bien, alors, c'est moi qui exige l'exécution de la loi ! reprit le jeune homme avec énergie. Le défunt a reçu de moi des soins, des remèdes, des secours de tous genres ; comme créancier de la succession, je demande que le paiement de la dette soit garanti, et je réclame pour cela l'apposition des scellés.

Ici les époux Tricot, qui déjà vingt fois avaient voulu s'entremettre, poussèrent les hauts cris... M. Leblanc les apaisa d'un geste.

— Soit, dit-il, en se tournant, avec un sourire, vers le jeune homme; monsieur le docteur est alors en mesure de nous prouver la légitimité de sa créance? Il peut nous présenter ses livres pour les visites, des reçus pour les secours, une preuve écrite pour les remèdes?

— Monsieur, dit Fournier embarrassé, un médecin ne prend point de telles précautions avec ses malades ; mais vous pouvez interroger mademoiselle Rose...

— Vous avez raison, reprit Leblanc en souriant, vous témoignez pour elle, elle témoignera pour vous ; ce n'est qu'une juste réciprocité. Malheureusement les tribunaux ne se laissent point conduire par les élans de sympathie ou de reconnaissance, et jusqu'à ce que monsieur le docteur ait régulièrement établi ses droits, il voudra bien nous permettre d'exercer ceux que nous tenons de la parenté.

— Oui, s'écria Tricot, dont la colère jusqu'alors réprimée n'avait fait que grossir ; et puisque le bourgeois aime les procès, on lui fournira l'étoffe de quelques petits !

— A lui et à sa protégée ! ajouta Perrine.

— On leur demandera, par exemple, à tous deux, où le cousin Duret a placé ses économies...

— Ce qu'il a fait de son argenterie ; car il en avait, je l'ai vue.

— Et comme ils étaient seuls à la maison quand le cousin a tourné l'œil.

— Faudra bien qu'ils rendent ce qui manque.

— Misérables ! s'écria Fournier hors de lui à ce soupçon infâme, et voulant s'élancer sur Tricot, la main levée.

Rose, qui venait d'entrer, se jeta à sa rencontre.

— Laisse-le, laisse-le ! cria Tricot, qui s'était armé d'une pelle rencontrée par le hasard ; ça fait plaisir de passer au bleu les peaux de bourgeois et d'épousseter la doublure des draps fins ; faut pas le contrarier.

— Et prends garde à toi-même, intrigante ! ajouta

Perrine en menaçant du poing la jeune fille ; si tu tombes jamais sous ma coupe, tu en auras les marques!

— Oh ! venez, au nom de Dieu ! murmura Rose, qui s'efforçait d'entraîner le médecin.

Celui-ci hésita un instant ; mais redevenant enfin maître de lui-même, il jeta un regard de mépris à ses insulteurs, et suivit la jeune fille hors de la masure.

Ce fut seulement à la porte du pavillon que tous deux s'arrêtèrent. Rose joignit les mains, et levant vers Fournier ses yeux rougis par les larmes :

— Oh ! pardon, monsieur, dit-elle, de ce que vous avez enduré pour moi ; pardon et merci ! Une pauvre fille comme je suis n'a jamais chance de reconnaître les services qu'on lui rend ; mais du moins soyez sûr que je me les rappellerai aussi longtemps que je dois vivre.

— Et qu'allez-vous devenir maintenant, Rose ? demanda le jeune homme attendri.

— Je ne sais pas encore, monsieur, répondit-elle : aujourd'hui je suis triste, je ne puis penser à rien. Je veux me donner jusqu'à demain pour reprendre courage. La mercière me recevra bien pour cette nuit... et après... eh bien après... Dieu me restera !

Fournier lui prit la main en silence ; elle répondit faiblement à son étreinte, lui dit adieu d'une voix basse, et sortit.

Le cœur du jeune homme était gros d'indignation. Remonté chez lui, il se mit à parcourir sa chambre d'un pas agité. Il se demandait en vain par quel moyen il pourrait secourir cette pauvre abandonnée qui venait de le quitter. Si le père Duret avait véritablement laissé un testament, nul doute que M. Leblanc et les Tricot ne l'eussent supprimé ; mais comment prouver cette suppression ? D'un autre côté, le testament pouvait avoir échappé jusqu'alors aux recherches des intéressés ; car les paroles du mourant permettaient de croire qu'il l'avait caché. Il s'était vanté d'avoir *fait la part de Rose*, il avait recommandé de chercher... Mais là s'étaient arrêtées ses révélations ; la mort ne lui avait point permis d'en dire davantage.

Le jeune homme, échauffé par une sorte de fièvre, se perdait en suppositions. Le soir était venu, et, le front appuyé sur la vitre, comme au commencement de ce récit, il avait vu les cousins du mort et leur conseiller sortir avec les papiers et les objets les plus précieux. Il promenait les yeux, au hasard, sur la masure abandonnée, la cour déserte et le jardin en friche, lorsqu'ils s'arrêtèrent tout à coup, sur un puits en ruine placé à l'extrémité de ce dernier et adossé à un mur qu'ornaient encore les débris d'une corniche. Cette vue lui rappela subitement les derniers mots prononcés par le père Duret : *Au jardin... derrière le puits... le chapiteau...* Ce fut pour lui comme un trait de lumière ! Là devait être le secret du mort !

Animé d'une de ces confiances subites qui ressemblent à l'inspiration, il descendit vivement, traversa la cour, ouvrit, après quelques efforts, la porte du jardin, et arriva près du puits.

La margelle à demi écroulée laissait voir, de loin en loin, de larges crevasses remplies de plâtras brisés, qu'il examina d'abord et s'efforça de sonder ; mais il ne put rien découvrir. L'arrière du puits, sous le fragment de chapiteau qui avait autrefois soutenu la corniche, était précisément le seul endroit qui ne présentât aucun vide; la pierre de taille, solidement calée, avait gardé tout son aplomb. Après avoir tourné deux ou trois fois autour de l'orifice, s'être penché pour examiner le dedans et le dehors, Fournier eut honte de sa crédulité. Comment avait-il pu s'arrêter à cette idée romanesque de dépôt caché dans un vieux mur, et prendre pour une indication les derniers mots balbutiés par un mourant? Il haussa les épaules, jeta vers le puits un dernier regard de désappointement, et reprit le chemin du pavillon.

Cependant, malgré tout, son esprit conservait un doute involontaire. Près de quitter le jardin, il se retourna, et aperçut de nouveau le puits, le mur, le chapiteau!

— C'est pourtant bien le lieu désigné par le père Duret, se dit-il; mais près du mur il n'y a rien; la pierre de la margelle est à sa place.

Ici il s'arrêta brusquement.

— Au fait, pensa-t-il, pourquoi est-elle la seule qui soit restée solidement scellée?

Cette simple réflexion lui fit rebrousser chemin. Il examina de nouveau avec plus d'attention la pierre taillée, s'aperçut qu'elle avait été récemment consolidée par de moindres cailloux, et que l'on avait rempli de terre les interstices. Il s'efforça de l'ébranler en arrachant ces légers points d'appui, réussit à lui faire perdre son aplomb, et enfin à la déplacer. Un vide apparut alors dans la maçonnerie, et il en retira, avec de grands efforts, un coffret cerclé de fer.

Après l'avoir dégagé, comme il le retirait à lui, le coffret glissa à terre et fit entendre un tintement qui en révélait suffisamment le contenu. Fournier, saisi d'une sorte de vertige, remplit de terre et de cailloux la crevasse qui avait servi de cachette, replaça le mieux possible la pierre de la margelle, et, réunissant toutes ses forces, transporta chez lui la précieuse cassette.

Arrivé à sa chambre, il la déposa à terre et essaya de l'ouvrir; mais elle était fermée d'une serrure solide dont il n'avait point la clef. Après plusieurs tentatives inutiles, il s'assit, les regards fixés sur le coffret, et se mit à réfléchir.

Que devait-il faire de ce trésor tombé entre ses mains par hasard? L'idée de se l'approprier ne traversa même point sa pensée; mais à qui devait-il le remettre? La loi lui désignait les Tricot, la justice naturelle et son inclination lui indiquaient Rose! Evidemment ce devait être là cette part faite pour elle par son parrain, ainsi qu'il l'avait déclaré lui-même au moment de mourir. Sa dernière volonté, clairement exprimée, avait été de soustraire son héritage à l'avidité du cousin, afin d'en doter celle qui lui avait tenu lieu de fille. Le temps seul lui avait manqué pour donner à ce désir une forme authentique; peut-être même l'avait-il donnée : car savait-on ce qui s'était passé dans cette prise de possession prématurée du cousin? Le testament du père Duret avait pu être découvert et détruit par maître Leblanc. Une telle violation de droits, très-probable, sinon constatée, ne justifiait-elle pas toutes les représailles? Puisqu'on avait violé la justice pour dépouiller Rose, Rose ne pouvait-elle pas combattre avec les mêmes armes? Les héritiers avaient voulu substituer au partage loyal une sorte de pillage où chacun ferait main basse sur ce qu'il pourrait saisir; on avait droit d'accepter l'exemple donné par eux-mêmes, et de se conduire comme ils s'étaient conduits!

Quelque convaincantes que ces raisons parussent au jeune médecin, il résolut d'attendre jusqu'au lendemain avant de se décider. Quoi qu'il pût se dire, en effet, quelque chose murmurait en lui. Il sentait confusément qu'il substituait sa propre justice à celle de la société et qu'il sortait du domaine de la loi par cette dangereuse porte de la sensation et de la préférence! Malgré lui, son bon sens lui criait que chaque homme n'avait point droit d'arranger le devoir selon ses convenances, de compenser les fautes des autres par ses propres fautes, et de faire, des grandes règles imposées à tous, une sorte d'ordonnance provisoire dont il pouvait à volonté effacer ou modifier les articles.

La nuit se passa ainsi dans des alternatives de décision et de scrupule qui l'empêchèrent de dormir.

Le jour venu, Fournier continuait à délibérer avec lui-même, lorsqu'on frappa timidement à sa porte; il alla ouvrir, et se trouva en face de la jeune fille.

Celle-ci s'excusa, tremblante et les yeux baissés, de le déranger de si bonne heure; Fournier la fit entrer, et l'invita à s'asseoir.

— Excusez-moi, monsieur, dit-elle en restant debout

près de la porte; je venais seulement pour prendre congé.

— Vous partez? interrompit Fournier.

— Pour Paris, où l'on promet de me faire entrer en service.

— Vous?

— Il le faut bien. Ainsi, du moins, je ne serai à la charge de personne, et, à force de zèle, j'espère pouvoir contenter mes maîtres! Seulement, je n'ai point voulu partir sans remercier monsieur le docteur et sans lui faire une prière.

— Quelle prière?

— Les héritiers de mon parrain vous ont refusé ce qui vous était dû! C'est un grand chagrin pour moi qui vous ai demandé tout ce que vous avez fait pour le malade...; et si jamais je puis m'acquitter comme je le dois...

— Ah! ne parlez point de cela, interrompit vivement Fournier.

— Non, dit Rose, car ma bonne volonté est maintenant impuissante; mais..., avant de partir..., je voudrais... j'espère que monsieur le docteur ne me refusera pas le seul souvenir que je puisse lui laisser.

En balbutiant ces mots avec un attendrissement mêlé de honte, la pauvre fille avait tiré de la poche de son tablier un paquet précieusement enveloppé de papier; elle le déroula d'une main tremblante, et présenta au médecin un de ces petits couverts d'argent dont on fait présent aux nouveaux-nés le jour de leur baptême.

— Je les tiens de ma marraine, dit-elle doucement; je vous en prie à mains jointes, monsieur, quelque peu que ce soit, ne me refusez pas... C'est tout ce que j'ai jamais eu à moi depuis que je suis née

Il y avait dans la voix, dans le geste, dans le présent lui-même, une naïveté si touchante, que le jeune homme sentit ses yeux se mouiller. Il saisit les deux mains de Rose entre les siennes :

— Et que diriez-vous, s'écria-t-il, si je vous faisais tout à coup plus riche que vous ne l'avez jamais rêvé?

— Moi? répliqua la jeune fille en le regardant stupéfaite.

— Si j'avais ici pour vous un trésor?

— Un trésor?

— Regardez?

Il l'entraîna rapidement dans sa chambre, lui montra le coffret encore posé à terre, et raconta tout ce qui s'était passé.

Rose, qui d'abord avait eu peine à comprendre, ne put supporter une pareille joie; elle tomba à genoux, en fondant en larmes.

Fournier s'efforça en vain de la calmer; la transition avait été trop brusque; la jeune fille était dans le délire; elle contemplait la cassette, et riait et pleurait à la fois. Mais, regardant tout à coup le jeune homme, elle joignit les mains, et s'écria, avec un élan dans lequel son cœur semblait avoir passé tout entier :

— Ah! vous serez donc enfin aussi heureux que vous le méritez!

— Moi? dit Fournier en reculant.

— Vous, vous! répéta Rose exaltée. Ah! croyez-vous que je n'aie point remarqué tout ce qui vous manquait ici?... que je n'aie point deviné vos inquiétudes?... Ma pauvreté me pesait moins que la vôtre, car moi je l'avais acceptée; mais vous, il faut que vous ayez votre place. Prenez tout, monsieur; tout est à vous, tout est pour vous!

Et la pauvre fille, baignée de larmes d'amour et de joie, s'efforçait de soulever le coffret pour le remettre aux mains du médecin.

Celui-ci, d'abord étonné, puis attendri, voulut l'arrêter.

— Ah! vous ne pouvez refusez, continua-t-elle plus vivement. N'est-ce pas à vous que je dois cette fortune? Je veux que tout le monde le sache, et, avant tous les autres, ceux qui ont refusé de vous rendre justice!

Fournier s'écria que c'était inutile; mais Rose ne l'écouta point. Elle venait de voir arriver les nouveaux héritiers, et courut pour les appeler.

Le médecin, effrayé, l'arrêta par le bras.

— Voulez-vous donc perdre ce qu'un heureux hasard vous a livré? s'écria-t-il.

— Perdre! répéta la jeune fille sans comprendre.

— N'avez-vous point deviné que ces gens pourraient réclamer la restitution du coffret?

— Comment?

— Vous n'avez aucun titre à sa possession.

Rose tressaillit, et regarda Fournier en face.

— Alors il ne m'appartient pas? dit-elle brusquement.

— Tout atteste que votre parrain vous le destinait; seulement la loi veut d'autres preuves.

— La loi! ajouta la jeune fille; mais tout le monde doit lui obéir!

— A moins qu'on ne puisse lui opposer la décision de sa propre conscience...

— Non, non, reprit vivement Rose, la conscience peut nous empêcher de profiter de tous nos droits, mais jamais diminuer de nos devoirs; elle doit ajouter des scrupules, et non violer des défenses. Ah! j'avais mal compris; ce dépôt n'est point à moi, et tout ce bonheur n'était qu'un rêve.

En parlant ainsi, elle était devenue très-pâle; mais sa voix ni ses regards ne trahissaient aucune hésitation. Ce cœur simple n'avait point balancé un instant, et la douleur de tant d'espérance perdue n'avait pu fausser sa droiture; seulement, le coup était trop violent après tant d'émotions; la jeune fille chancela et s'assit.

Quant à Fournier, une sorte de réaction venait de s'opérer en lui; l'admiration avait succédé à l'attendrissement. Tous les paradoxes inventés depuis la veille par son esprit tombèrent devant cette droiture naïve, et son âme, gagnée, pour ainsi dire, par la contagion de la loyauté, était subitement revenue à ses nobles instincts.

Sans répondre un seul mot à la jeune fille il alla chercher les héritiers, fit appeler un notaire, et déposa entre ses mains l'opulente cassette.

Une petite clef, que les Tricot avaient trouvée attachée au cou du mort, l'ouvrit sur-le-champ, et laissa voir de vieille argenterie mêlée à plusieurs milliers de pièces d'or!

Le paysan et sa femme pleurèrent de joie. Rose et Fournier étaient calmes!

Le notaire compta d'abord les espèces, sous lesquelles il trouva une liasse de billets de banque. Quand tout fut inventorié, la somme montait à près de trois cent mille francs!

Tricot, à demi égaré, s'approcha de la table en chancelant, prit le coffret vide et le secoua : un dernier papier, caché entre le bois et la doublure, tomba à terre.

— Encore quéqu'chose à ajouter au magot! dit le paysan, qui releva la feuille volante et la présenta au notaire.

Celui-ci l'ouvrit, y jeta les yeux, et fit un mouvement de surprise.

— C'est un testament, dit-il.

— Un testament! s'écrièrent toutes les voix.

— Par lequel M. Duret choisit pour légataire universelle mademoiselle Rose Fleuriot, sa filleule.

Quatre cris partirent en même temps, cris de surprise, de joie et de désappointement! Tricot voulut s'élancer sur le papier; mais le notaire se rejeta en arrière. Il fallut user de violence pour se débarrasser des deux époux frustrés, qui sortirent en accablant tous les assistants de menaces et de malédictions.

M. Leblanc, qu'ils coururent consulter, eut beaucoup de peine à leur faire comprendre que leur malheur était sans remède, et que tous les procès ne pourraient les remettre en possession de l'héritage du père Duret.

Quant à Fournier, il ne tarda point à devenir l'heureux mari de Rose, qui ne fut pas seulement pour lui une compagne de bonheur, mais un conseil et un appui. Comprenant que la société, en isolant la femme de cette rude pratique des affaires qui peut à la longue endurcir l'âme, lui a donné la garde des instincts les plus délicats et les plus doux, la jeune épouse continua à être une sorte de conscience invisible toujours placée à la porte de son cœur pour en écarter la faiblesse, l'erreur et les mauvaises passions.

TROISIÈME RÉCIT

LES DEUX DEVISES

Deux jeunes gens étaient debout dans le bureau des diligences de Cernay, où ils venaient arrêter des places pour Kaysersberg. Tous deux semblaient avoir le même âge (environ vingt-quatre ans); mais leurs physionomies présentaient des différences remarquables.

Le plus petit était brun, pâle, prompt dans ses mouvements et d'une impatience qui trahissait, au premier coup d'œil, son origine méridionale ; le second, au contraire, grand, blond et coloré, offrait le type complet de cette race mélangée de l'Alsace, dans laquelle on trouve l'expansion française tempérée par la bonhomie allemande. Tous deux avaient, à leurs pieds, de petites malles dont les adresses avaient été cachetées à la cire. Sur l'une d'elles on lisait :

Henri Fortin, *Marseille.*

Et aux quatre coins, sur la cire qui portait l'empreinte du cachet, cette devise : *Mon droit.*

Sur l'autre était écrit : Joseph Mulzen, *Strasbourg.*

Et pour légende du cachet : *Caritas.*

Le buraliste venait d'inscrire leurs noms sur le registre, et y ajoutait la désignation sacramentelle : *Avec deux malles*, lorsque Henri demanda le pesage de celles-ci. Le buraliste déclara qu'il aurait lieu à Kaysersberg ; mais le jeune homme allégua l'embarras d'une pareille formalité au moment de l'arrivée, en ajoutant qu'il avait le droit de la faire remplir sur-le-champ. Le buraliste, ainsi pressé, s'obstina de son côté ; Joseph voulut en vain s'entremettre, en faisant observer à Henri qu'il leur restait à peine le temps nécessaire pour dîner : en vertu de sa devise, le Marseillais ne cédait jamais lorsqu'il croyait avoir raison, et il le croyait toujours. La discussion se prolongea jusqu'au moment où le buraliste, fatigué, se décida à quitter la partie en remontant chez lui. Henri voulut continuer avec le facteur ; mais, par bonheur, celui-ci ne parlait qu'allemand. Il fallut donc se résigner à suivre à l'auberge son compagnon, sur lequel il retourna sa mauvaise humeur.

— Dieu me pardonne! tu ferais damner un saint! s'écria-t-il dès qu'il se trouva seul avec lui. Comment! tu ne me soutiens même pas contre cet entêté!

— Il me semble, répliqua Joseph en souriant, que c'était plutôt à lui qu'il eût fallu un soutien; tu entassais les arguments comme s'il se fût agi d'un procès qui pût compromettre ta fortune ou ton honneur.

— Il valait mieux, à ton avis, ne pas défendre ton droit?

— Quand le droit ne vaut pas la peine d'être défendu...

— Ah! te voilà! interrompit Henri avec chaleur : tu es toujours prêt à céder, toi; il faut qu'on te marche sur la gorge pour que tu songes à te défendre. Au lieu de regarder le monde comme un champ de bataille, tu le regardes comme un salon où l'on se fait des politesses.

— Non; dit Joseph, mais comme un grand vaisseau dont les passagers se doivent une amitié et une tolérance réciproques. Chaque homme est mon ami jusqu'à ce qu'il se soit déclaré mon ennemi.

— Et moi, je l'estime mon ennemi jusqu'à ce qu'il se soit déclaré mon ami, reprit le Marseillais; c'est une prudence qui m'a toujours réussi, et je t'engage à y avoir recours à Kaysersberg. Nous allons nous trouver là en présence des autres héritiers de notre oncle, qui ne manqueront pas de tirer l'héritage à eux le plus qu'ils pourront; pour ma part, je suis décidé à ne leur faire aucune concession.

Tout en parlant, les deux cousins étaient arrivés à l'auberge du *Cheval-Blanc*. La salle à manger dans laquelle ils entrèrent se trouvait vide; mais une grande table était dressée à l'une des extrémités, et l'hôtesse venait d'y mettre trois couverts. Henri ordonna d'ajouter celui de Joseph et le sien.

— Je vous fais excuse, monsieur, dit la femme, nous ne pouvons vous servir ici.

— Pourquoi cela? demanda le jeune homme.

— Parce que les personnes dont nous venons de mettre le couvert désirent manger seules.

— Qu'elles mangent dans leur chambre alors, reprit brusquement Henri; ici, c'est la salle et la table communes; tout voyageur a droit d'y entrer et de s'y faire servir.

— Que nous importe de dîner dans cette pièce ou dans une autre? demanda Joseph.

— Et qu'importe à ces personnes que nous y soyons? répliqua Henri.

— Elles sont venues avant monsieur, objecta l'hôtesse.

— Alors, ce sont les premiers arrivés qui font la loi dans votre auberge? s'écria Henri.

— Nous connaissons d'ailleurs ces personnes.

— Et vous tenez plus à elles qu'à nous?

— Monsieur doit comprendre que quand il s'agit de pratiques...

— Il faut que les autres voyageurs se soumettent à leurs caprices?

— On vous servira ailleurs.

— Avec les restes de vos trois privilégiés, n'est-ce pas?

L'hôtesse parut blessée.

— Si monsieur craint de mal dîner au *Cheval-Blanc*, il y a d'autres auberges à Cernay, dit-elle.

— C'est à quoi je pensais, répliqua rapidement Henri en prenant son chapeau.

Et, sans écouter Joseph, qui voulait le retenir, il s'échappa rapidement et disparut.

Mulzen savait par expérience que le plus sûr était d'abandonner son cousin à ses boutades, et que, dans ces occasions, tout effort pour le ramener ne servait qu'à exalter ses dispositions militantes. Il se décida donc à le laisser chercher fortune ailleurs et à se faire servir sans retard dans une pièce voisine. Mais au moment où il allait y passer, les trois personnes attendues parurent dans le salon. C'étaient une vieille dame avec sa nièce, et un homme d'une cinquantaine d'années, qui paraissait leur servir de protecteur.

L'hôtesse, qui leur racontait ce qui venait de se passer, s'interrompit tout à coup à la vue de Joseph. Celui-ci salua et voulut se retirer; mais le conducteur des deux dames le retint.

— Je suis désolé, monsieur, dit-il avec bonhomie, du débat qui vient d'avoir lieu. En demandant à dîner seuls, nous voulions éviter certains convives dont la conversation et les manières eussent pu effaroucher ces dames, mais non chasser les voyageurs du *Cheval-Blanc*, comme votre ami a paru le croire, et la preuve, c'est que je vous prie de vouloir bien vous asseoir à cette table avec nous.

Joseph voulut s'en défendre en affirmant qu'il n'était

nullement blessé d'une précaution qu'il trouvait toute naturelle; mais M. Rosman (c'était le nom donné par les deux dames à leur conducteur) insista d'un ton si ouvert et si bienveillant, qu'il crut devoir lui céder.

La vieille dame, qui semblait avoir peu l'habitude des voyages, s'assit vis-à-vis de lui, avec sa nièce, en poussant un gémissement.

—Vous êtes lasse, Charlotte? demanda M. Rosman.

—Si je suis lasse! s'écria la vieille femme; passer un jour entier dans une voiture qui vous secoue comme une escarpolette! manger hors de ses heures; courir toutes sortes de dangers; car je ne sais pas comment nous n'avons pas versé cent fois : la diligence penchait toujours!... Ah! Seigneur! je voudrais pour une année de ma vie que notre voyage fût fini.

—Heureusement que le marché est impossible! fit observer la jeune fille, qui embrassa sa tante en souriant.

— Oui, oui, vous riez de cela, vous autres, reprit madame Charlotte d'un ton de bouderie demi-affectueuse : les jeunes filles, maintenant, n'ont peur de rien! elles voyagent sur les chemins de fer, en bateau à vapeur; elles iraient en ballon s'il y avait des services établis! C'est la révolution qui les a rendues si hardies. Avant la révolution, les plus braves n'allaient qu'en charrette ou à âne... Encore fallait-il avoir quelque affaire. J'ai souvent entendu dire à ma défunte mère qu'elle n'avait jamais voulu voyager qu'à pied.

—Aussi n'avait-elle point dépassé le chef-lieu de canton, fit observer M. Rosman.

— Ça ne l'a pas empêchée d'être une digne et heureuse femme, reprit madame Charlotte ; quand l'oiseau a bâti son nid, il y reste. Aujourd'hui, l'habitude d'être toujours sur les grands chemins fait qu'on aime moins son foyer, sa famille ; on s'accoutume à s'en passer ; on a son chez soi partout. Cela peut être plus avantageux pour la société, mais cela rend chacun moins bon et moins heureux.

— Allons, Charlotte, vous en voulez aux voyages... à cause des cahots, dit M. Rosman gaiement, mais j'espère que votre prévention ne tiendra pas devant ce potage ; on n'en fait pas de meilleur à Fontaine, j'en appelle à votre impartialité.

L'entretien continua ainsi sur un ton de douce familiarité. Joseph s'était d'abord renfermé dans un silence discret ; mais M. Rosman lui adressa plusieurs fois la parole, et la conversation était devenue générale, quand on avertit que la diligence allait partir. Tous se hâtèrent de solder l'hôtesse et de gagner le bureau.

En y arrivant, Joseph aperçut son cousin qui accourait. Le temps que Mulzen venait de mettre à dîner, Henri l'avait passé à parcourir les auberges de Cernay, sans rien trouver de préparé, et enfin, pressé par le temps, il s'était vu forcé d'acheter quelques fruits et un petit pain qu'il achevait !

Ce repas d'anachorète n'avait point, comme on doit le penser, adouci son humeur. Joseph s'en aperçut et ne lui fit aucune question ; on avait d'ailleurs commencé l'appel des voyageurs, et ils se préparaient à prendre leurs places, lorsque le buraliste s'aperçut qu'il avait commis une erreur en les inscrivant, et que la voiture se trouvait au complet.

— Au complet! répéta Henri; mais vous avez reçu nos arrhes.

— Je vais vous les rendre, monsieur, répliqua le commis.

— Du tout, s'écria le jeune homme; dès que vous les avez acceptées, il y a eu contrat entre nous; j'ai droit de partir, et je partirai.

En prononçant ces mots, il saisit la courroie et grimpa sur l'impériale où une place se trouvait vide; le voyageur auquel elle appartenait voulut réclamer; mais Henri persista en déclarant que nul n'avait le droit de le faire descendre, et que si on voulait l'y forcer, il repousserait la violence par la violence. Joseph essaya en vain une transaction; le Marseillais, que le dîner manqué avait aigri, persista dans sa résolution.

— « *Chacun son droit,* » s'écria-t-il; c'est ma devise. La tienne est « *Charité :* » sois donc charitable, si tu veux; moi, je ne prétends être que juste; j'ai payé cette place, elle m'appartient, je la garde.

Le voyageur qu'il remplaçait objecta la priorité de possession; mais Henri, qui était avocat, répondit par des textes de loi. On demeura ainsi quelque temps, échangeant des explications violentes, des récriminations, des menaces. Madame Charlotte, qui entendait tout du coupé, poussait des gémissements d'épouvante, et recommençait ses amplifications contre les voyages en général, et les voitures publiques en particulier. Enfin Joseph, voyant que la discussion s'envenimait de plus en plus, proposa au buraliste de faire atteler un voiturin dans lequel il prendrait place avec le voyageur dépossédé. L'expédient fut accepté par les parties intéressées, et la diligence partit.

On se trouvait au mois de décembre; l'air, déjà humide et froid au moment du départ, devint encore plus glacial à la tombée du jour. Henri, accoutumé à son soleil de Provence, avait beau boutonner jusqu'au menton son paletot de voyage, il frissonnait comme une feuille sous le brouillard nocturne. Son visage était bleu, ses dents claquaient! bientôt une pluie fine, poussée par le vent, commença à pénétrer ses vêtements. Son voisin, garanti par une ample limousine, eût pu le mettre à l'abri en lui donnant une part de son manteau; mais c'était un gros marchand, fort tendre à sa personne et fort indifférent à celle des autres. Lorsque Henri avait refusé de rendre la place dont il s'était emparé sur la banquette, le gros homme l'avait approuvé en déclarant que « chacun voyageait pour son compte; » principe que le jeune homme avait alors trouvé parfaitement raisonnable, et dont il subissait maintenant l'application. Cependant, vers le milieu de la route, le marchand sortit la tête de son manteau, regarda son voisin, et lui dit :

— Vous paraissez avoir froid, monsieur?
— Je suis mouillé jusqu'à la moelle, répliqua Henri, qui pouvait à peine parler.

Le gros voyageur se secoua dans sa limousine, comme pour mieux jouir de son bien-être.

— C'est très-malsain d'être mouillé, dit-il philosophiquement; une autre fois, je vous engage à avoir un manteau comme le mien : c'est très-chaud, et pas cher.

Ce conseil donné, le gros homme rentra son menton dans son collet et s'assoupit voluptueusement au mouvement de la voiture.

Lorsque celle-ci arriva à Kaysersberg, il était nuit close depuis longtemps. Henri descendit à demi mort de froid, et gagna la cuisine de l'auberge où il voyait briller un grand feu; mais en entrant il aperçut le foyer entouré d'un cercle de voyageurs, parmi lesquels se trouvaient Joseph Mulzen et l'étranger dont il avait pris la place. Le cabriolet fourni par le buraliste les avait conduits par une route de traverse plus courte, et tous deux étaient arrivés depuis une demi-heure.

A la vue du triste état dans lequel se trouvait son cousin, Mulzen se hâta de lui céder sa chaise; quant au voyageur dépossédé à Cernay, il ne put retenir un éclat de rire.

— Parbleu! je dois remercier monsieur de m'avoir chassé de l'impériale, dit-il; car, sans son usurpation, je me trouverais gelé à sa place, au lieu d'être chaudement à la mienne.

Henri était en trop mauvaise position pour répondre : il s'assit devant le feu et tâcha de se réchauffer.

Dès qu'il eut un peu repris ses sens, il demanda une chambre et un lit; mais la foire venait de finir à Kaysesberg, et l'auberge était pleine de gens qui repartaient le lendemain. Joseph et son compagnon, bien qu'ils fussent arrivés plus tôt, n'avaient eux-mêmes trouvé qu'une couchette à laquelle le premier avait généreusement renoncé en faveur du second. Cependant après beaucoup de questions et de recherches, il se trouva un lit vacant dans une des chambres de l'hôtellerie; mais elle était occupée par quelques colporteurs qui refusaient d'y recevoir aucun étranger.

— Ont-ils loué la chambre pour eux seuls? demanda Henri.

— Nullement, répliqua l'aubergiste.

— Ainsi vous avez droit de disposer du lit vacant.

— Sans aucun doute.

— Alors quelle raison donnent-ils pour refuser un nouveau compagnon de chambrée?

— Ils ne donnent point de raison; tous quatre paraissent d'assez mauvais drôles, et personne ne s'est soucié d'avoir une querelle avec eux.

Henri se leva vivement.

— C'est une faiblesse, s'écria-t-il; pour ma part, je ne passerai pas une nuit blanche, parce qu'il convient à quatre inconnus d'accaparer les lits de votre auberge, conduisez-moi à leur chambre; il faudra bien qu'ils entendent raison.

— Prends garde, Henri, fit observer Mulzen, ce sont des gens brutaux et grossiers.

— Et ces vices leur donnent le privilége de nous faire veiller? demanda aigrement le Marseillais; non pardieu! je me coucherai malgré eux.

Il avait repris sa casquette et allait sortir avec l'aubergiste; mais M. Rosman, qui venait chercher un domestique pour emporter ses bagages, avait entendu les mots échangés entre les deux cousins ; il s'avança vers eux, et dit de son air libre et riant :

— Je vous vois en peine d'un gîte pour cette nuit, messieurs ?

— Je ne le serai pas longtemps, interrompit Henri qui voulut passer outre.

— Un moment, reprit M. Rosman ; ces gens vont peut-être répondre à vos raisonnements par des injures, et vous aurez peine à leur faire reconnaître votre droit. Acceptez plutôt un lit chez moi, messieurs ; je demeure à quelques pas ; et je me ferai un plaisir de vous recevoir.

Henri et Joseph s'inclinèrent en remerciant, mais sur des tons visiblement distincts : celui de Mulzen était reconnaissant et joyeux ; celui de son compagnon, contraint, quoique poli. Il n'avait point oublié que M. Rosman était la cause première du maigre dîner qu'il avait fait à Cernay.

— Monsieur a trop d'obligeance, dit-il en adoucissant sa voix ; mais je ne voudrais pas lui causer un pareil embarras. Il est bon d'ailleurs que l'on donne une leçon à ces gens, et qu'on leur apprenne à respecter les droits des autres voyageurs.

A ces mots, il salua, et prit le chemin de la chambre occupée par les colporteurs. Joseph, craignant quelque rixe, le suivit ; mais soit que les intentions des porte-balles se fussent modifiées, soit que l'air résolu du Marseillais leur imposât, ils s'en tinrent à quelques murmures, malgré lesquels Henri se coucha.

Son cousin, rassuré, se décida alors à redescendre, et

suivit M. Rosman qui avait eu la bonté de l'attendre.

En arrivant chez ce dernier, il trouva madame Charlotte et sa fille Louise préparant le thé devant un feu de pommes de pins. Son conducteur dit à demi-voix quelques mots aux deux femmes qui accueillirent le jeune homme avec courtoisie. On le força à prendre place devant la table, tandis que Louise remplissait les tasses. Quant à madame Charlotte, elle n'était point encore revenue du trouble occasionné par le voyage ; elle prétendait sentir, dans son fauteuil, les oscillations de la diligence, et retrouver le bruit des roues dans les frémissements de la bouilloire. Elle s'informa pourtant de ce qu'était devenu le jeune homme qui, à Cernay, avait pris l'impériale d'assaut, et M. Rosman raconta ce qui venait de lui arriver à l'auberge.

— Mais il ne cherche donc partout que guerre et procès ! s'écria madame Charlotte ; c'est un homme à fuir comme le feu.

— On ne saurait trouver un cœur plus loyal, fit observer Mulzen ; il tient seulement à suivre partout sa devise *Chacun son droit.*

— Tandis que la vôtre est : *Charité*, reprit en souriant la vieille femme. Oh ! j'ai tout entendu à Cernay.

— Vous voyagez ensemble ? demanda M. Rosman.

— Nous sommes cousins, répondit Joseph, et nous venons à Kaysersberg pour un testament dont l'ouverture doit avoir lieu demain.

— Un testament ! répéta madame Charlotte étonnée.

— Celui de notre oncle, du docteur Harver.

Les deux femmes et M. Rosman firent un mouvement.

— Ah ! vous êtes les parents du docteur ? reprit ce dernier, en regardant le jeune homme ; le hasard ne pouvait alors mieux vous adresser, monsieur ; car j'ai été son ancien compagnon et son meilleur ami.

Cette espèce de reconnaissance servit d'introduction pour parler du mort. Mulzen ne l'avait jamais vu, mais il ressentait pour lui cette affection respectueuse que l'instinct établit entre les membres inconnus d'une même famille. Il causa longtemps du docteur, écouta avec un intérêt ému tout ce qu'on lui raconta de sa vie, de ses derniers instants ; enfin, après un de ces entretiens intimes dans lesquels les âmes s'oublient et se laissent voir l'une à l'autre sans déguisement, il monta à la chambre qui lui était destinée, enchanté de ses hôtes qui se retirèrent également satisfaits.

La fatigue prolongea son sommeil, et lorsqu'il se réveilla le lendemain, il était déjà tard. Il s'habilla à la hâte pour rejoindre son cousin avec lequel il devait se rendre chez le notaire ; mais il trouva ce dernier au salon en compagnie de M. Rosman et de Henri que l'on avait fait chercher. Madame Charlotte et Louise ne tardèrent pas elles-mêmes à paraître. Quand tout le monde fut réuni, M. Rosman se tourna vers les deux jeunes gens, et dit en souriant :

— Personne ici n'est étranger à l'affaire qui vous conduit à Kaysersberg, messieurs ; car ma belle-sœur, madame Charlotte Revel, et sa nièce Louise Armand, dont je suis le tuteur, y viennent comme vous pour assister à l'ouverture du testament de leur frère et oncle le docteur Harver.

Les deux jeunes gens saluèrent madame Charlotte et mademoiselle Louise, qui leur rendirent le salut.

— J'ai pensé, continua M. Rosman, que la lecture des dernières dispositions du docteur pouvait se faire chez moi, puisque le hasard y avait réuni toutes les parties intéressées.

Henri répondit par un signe d'assentiment. Chacun s'assit, et le notaire allait briser le cachet du testament, lorsqu'il s'arrêta.

— Ce testament est d'une date déjà ancienne, fit-il observer, et, dans les derniers mois de sa vie, M. Harver m'avait exprimé plusieurs fois l'intention de le détruire afin de laisser à chacun de ses héritiers la part réglée par les lois. S'il ne l'a point fait, je ne puis l'attribuer qu'à la rapidité de sa mort. J'ai dû déclarer ceci pour la décharge de ma conscience; maintenant je demande à tous les intéressés présents, s'ils ne veulent point accomplir l'intention du docteur, et annuler d'un commun accord le testament, avant qu'aucun d'eux sache s'il le dépouille ou s'il l'enrichit.

Cette proposition inattendue fut suivie d'une pause de quelques instants. Mulzen fut le premier à prendre la parole.

— Pour ma part, dit-il d'un ton modeste, n'ayant aucun droit particulier à la bienveillance du mort, je ne puis regarder comme un sacrifice l'acceptation de l'égalité dans les partages, et j'y accéderai volontiers.

— Je n'y mettrai point d'obstacle pour ce qui me regarde, continua madame Charlotte.

— Et moi j'y consentirai, au nom de ma pupille, ajouta M. Rosman.

— Alors, dit le notaire en se tournant vers Henri, il ne reste que monsieur...

Celui-ci parut éprouver quelque embarras.

— Je n'ai, comme mon cousin, dit-il, aucun motif d'espérer une disposition testamentaire qui me favorise; mais par cela même je dois me montrer plus réservé. Quelles qu'aient été les intentions du docteur, son testament seul doit aujourd'hui faire foi; anéantir d'avance ses dispositions, c'est attenter à la fois au droit du testateur et à celui du légataire inconnu.

— N'en parlons plus alors, interrompit le notaire; l'unanimité seule pouvait légitimer ma proposition; restons dans le droit de chacun... comme le demande monsieur, et veuillez écouter.

A ces mots il déchira l'enveloppe, ouvrit le testament, et lut ce qui suit :

« Des quatre héritiers qui peuvent prétendre à ma succession, je n'en connais que deux, ma sœur Charlotte Revel et ma nièce Louise Armand; mais toutes deux n'ont, depuis longtemps, qu'un même intérêt comme elles n'ont qu'un même cœur, et ne forment, en réalité, qu'une seule personne; je n'ai donc véritablement de ce côté que Louise pour héritière. Ma première intention avait été de lui donner ce que je possède; mais parmi mes deux autres neveux, il peut s'en trouver un également digne de tout mon intérêt; reste seulement la difficulté de le distinguer.

« Ne pouvant le faire moi-même, et connaissant l'intelligence et le tact de ma nièce Louise, je m'en remets à son jugement, et je déclare prendre pour légataire universel celui des deux cousins qu'elle choisira pour mari.

« HARVER. »

Il y eut, après cette lecture, un assez long silence. Les deux jeunes gens paraissaient embarrassés, et Louise, confuse, tenait la tête baissée.

— Dieu me pardonne! le docteur a donné là à ma nièce une tâche difficile! s'écria madame Charlotte.

— Moins que vous ne le croyez, ma sœur, dit Rosman en souriant. Je connaissais depuis longtemps le testament d'Harver, et j'avais pris en conséquence mes informations; tout ce que j'ai pu apprendre m'a prouvé que, quel que soit le choix de Louise, elle n'a rien à craindre.

— Alors que mademoiselle décide, reprit le notaire en riant; dès qu'il y a sûreté, ce n'est plus qu'une affaire d'inspiration.

— Je m'en rapporterai à ma tante, murmura la jeune fille, qui se jeta dans les bras de madame Charlotte.

— A moi? reprit celle-ci...; mais c'est fort embarrassant, ma chère, et je ne sais en vérité...

En prononçant ces mots d'un air incertain, son regard avait glissé sur Mulzen; Henri s'en aperçut.

— Ah! votre choix est fait, madame, dit-il vivement, et, quoi qu'il puisse me coûter de regrets, je dois l'approuver.

— Mademoiselle, ajouta-t-il en prenant Joseph par la main et le conduisant jusqu'à la eune fille : votre tante a bien vu et bien jugé; mon cousin vaut mieux que moi.

— Ce que vous faites prouve le contraire, dit madame Charlotte attendrie, mais nous connaissons déjà un peu M. Mulzen; et puis... tenez... vous méritez qu'on vous dise toute la vérité...

— Dites, dites! interrompit Fortin.

— Eh bien! sa devise me rassure, tandis que la vôtre me fait peur; il promet l'indulgence, et vous la justice. Hélas! cher monsieur, la justice peut suffire aux anges, mais pour les hommes il faut de la charité.

— Peut-être avez-vous raison, madame, dit Henri pensif; oui, depuis hier, les faits semblent s'être succédé, à dessein, pour me donner une leçon. La rigoureuse défense de mon droit a toujours tourné contre moi, tandis que la bienveillance de mon cousin a toujours tourné à son profit. Oui, la devise de Joseph vaut mieux que la mienne; car elle est plus près de la loi de Dieu : le Christ n'a pas dit : *A chacun son droit;* mais bien : *Aimez votre prochain comme vous-même.*

QUATRIÈME RÉCIT

LE POÈTE ET LE PAYSAN

Un jeune homme côtoyait la forêt qui sépare Sainte-Marie-aux-Mines de Ribauvillé, et, malgré la nuit qui venait, malgré la brume à chaque instant plus épaisse, il marchait lentement sans prendre garde au temps ni à l'heure. Son costume de drap vert, ses guêtres de daim et l'élégant fusil qu'il portait en bandoulière auraient pu le faire regarder comme un Nemrod, si le volume qui sortait à demi de sa gibecière n'eût trahi le rêveur pour qui la poursuite du gibier n'est qu'un prétexte de solitude. Dans ce moment même, la nonchalance méditative de sa démarche démentait ses apparences cynégétiques, et prouvait qu'Arnold de Munster songeait moins à observer la piste des bêtes fauves, qu'à suivre, dans leurs détours, toutes les fantaisies de sa pensée.

Depuis quelques instants, celle-ci s'était reportée sur le souvenir de la famille et des amis laissés à Paris. Il se rappelait l'élégant atelier décoré par ses soins de gravures fantastiques, de toiles curieuses, de statuettes étranges; les mélodies allemandes que chantait sa sœur, les vers mélancoliques répétés par lui à la lueur voilée des lampes du soir, et ces longs entretiens où chacun apportait la confidence de ses sensations les plus intimes, où tous les mystères des sentiments étaient tour à tour soumis à la discussion, examinés, traduits en paroles enflammées ou charmantes! Pourquoi avait-il quitté cette société d'élite et ces plaisirs choisis pour venir s'enfermer dans une campagne de l'Alsace? La nécessité des affaires était-elle une excuse suffisante à cette espèce de déchéance? N'eût-il pas mieux valu affronter une perte d'argent que la prosaïque existence de la province? Qu'allait devenir, au milieu des natures vulgaires qui l'entouraient, la nature délicate et choisie du jeune homme?

Tout en s'adressant ces questions et beaucoup d'autres, Arnold de Munster avait continué à marcher sans s'occuper de la route suivie. Il fut enfin arraché à sa méditation par l'impression du brouillard qui se transformait en pluie et commençait à pénétrer sa veste de chasse. Il voulut alors hâter le pas ; mais, en regardant autour de lui, il s'aperçut qu'il s'était perdu dans les détours de la forêt, et chercha en vain à reconnaître la direction qu'il fallait prendre. Un premier essai ne réussit qu'à l'égarer davantage. Le jour disparut, la pluie devint plus épaisse, et il continuait à s'enfoncer au hasard dans des routes inconnues.

Le découragement le gagnait, lorsqu'un bruit de grelots arriva jusqu'à lui à travers les arbres dépouillés. Un attelage, conduit par un gros homme en blouse, venait de paraître sur une route latérale et se dirigeait vers le carrefour qu'il venait d'atteindre.

Arnold s'arrêta pour l'attendre, et lui demanda s'il était loin de Sersberg.

— Sersberg! répéta le charretier; j'espère bien que c'est pas là que vous comptez coucher ce soir?

— Pardonnez-moi, répliqua le jeune homme.

— Au château de Sersberg? reprit son interlocuteur; alors, faut que vous connaissiez un chemin de fer! Il y a six bonnes lieues d'ici la grille ; et, vu le temps et les routes, elles en valent douze.

Le jeune homme se récria. Il était parti le matin du château, et ne pensait pas s'en être autant éloigné ; mais le paysan comprit à ses explications qu'il avait fait fausse route depuis plusieurs heures, et qu'en croyant reprendre le chemin de Sersberg, il avait continué à lui tourner le dos. Il était trop tard pour réparer une pareille erreur : le village le plus voisin était distant d'une lieue, et Arnold n'en connaissait point le chemin ; force lui fut donc d'accepter l'abri offert par son nouveau compagnon, dont la ferme se trouvait heureusement à quelques portées de fusil.

Il régla, en conséquence, son pas sur celui du charretier, et essaya de nouer conversation avec lui; mais Moser était peu causeur, et paraissait complétement étranger aux sensations habituelles du jeune homme. Quand ce dernier lui montra le magnifique horizon qui s'étendait sous leurs yeux au sortir de la forêt, et qu'empourpraient les dernières lueurs du soleil couchant, le fermier se contenta de faire la grimace.

— Mauvais temps pour demain! murmura-t-il en ramenant sur ses épaules la limousine qui lui servait de manteau.

— On doit voir d'ici toute la vallée, reprit Arnold, qui cherchait à percer les ténèbres dont les pieds de la colline étaient déjà enveloppés.

— Oui, oui, dit Moser en hochant la tête; la chienne de côte est assez haute pour ça?. En voilà une invention qui ne profite pas à beaucoup!

— Quelle invention?

— Eh bien, parbleu! les montagnes.

— Vous aimeriez mieux la plaine partout?

— Tiens! cette question! s'écria le fermier en riant; autant me demander si j'aimerais mieux ne pas éreinter mes chevaux.

—C'est juste, dit Arnold avec une ironie quelque peu méprisante; j'oubliais les chevaux! Il est clair que Dieu aurait dû surtout y penser lorsqu'il créa le monde.

Dieu, je ne sais pas, reprit Moser tranquillement; mais pour sûr, les ingénieurs auraient tort de les oublier quand ils construisent une route. Le cheval est le meilleur ami du laboureur, monsieur..., sans faire insulte aux bœufs qui ont aussi leur prix.

Arnold regarda le paysan.

— Ainsi vous ne voyez dans ce qui vous entoure que le parti qu'on en peut tirer? demanda-t-il sérieusement; la forêt, la montagne, les nuages, tout cela ne dit rien à votre esprit? vous ne vous êtes jamais arrêté devant le soleil couchant ou à la vue des bois éclairés par les étoiles, comme dans ce moment?

— Moi? s'écria le fermier; ah bien! vous croyez donc que je fais des almanachs? qu'est-ce que j'en tirerais de votre clair d'étoiles, et du soleil couchant? l'important est de gagner de quoi faire ses trois repas et se tenir l'estomac chaud... Monsieur voudrait-il un coup d'*eau de cerise?* ça vient de l'autre côté du Rhin.

— Il tendait une petite bouteille clissée à Arnold, qui refusa de la main. La grossièreté positive du paysan venait de le ramener à ses regrets et à ses dédains. Étaient-ce bien des hommes semblables à lui que ces malheureux, livrés aux seules nécessités du travail, qui vivaient au sein de la création sans la regarder, et dont l'âme ne s'élevait jamais au-dessus des sensations les plus réelles et plus prochaines? Qu'était, pour cette triste moitié du genre humain, le monde de poésie auquel le jeune homme devait ses plus douces jouissances? Menée par le licou de l'instinct, ne semblait-elle pas condamnée à brouter en dehors de l'Éden dont une nature privilégiée lui avait ouvert les portes? Elle avait l'air de vivre de la même existence que lui-même; mais quel abîme entre leurs âmes! Avaient-elles seulement quelques penchants communs? Était-il quelque point de ressemblance qui pût attester leur fraternité originelle? Arnold en doutait à chaque instant davantage. Plus il réfléchissait, plus cette fleur immatérielle de toutes choses, à laquelle nous avons donné le nom de poésie, lui semblait le privilége de quelques classes d'élite, tandis que le reste végétait au hasard dans les limites du prosaïsme.

Ces pensées eurent pour résultat de communiquer à ses manières une sorte de mépris nonchalant pour son conducteur, auquel il cessa d'adresser la parole. Moser ne s'en montra ni surpris ni blessé, et se mit à siffler un air interrompu de loin en loin par quelque bref encouragement à son attelage.

Ils arrivèrent ainsi à la ferme, où le bruit du grelot les annonça. Un jeune garçon et une femme d'âge moyen parurent en même temps sur le seuil.

— Eh! c'est le père! cria la femme en se tournant vers le fond de la maison, où se firent entendre les voix de plusieurs enfants qui accoururent vers la porte avec des cris joyeux, et qui vinrent se presser autour du paysan.

— Un moment donc, marmaille! interrompit celui-ci de sa grosse voix, tout en fouillant dans le chariot d'où il retira un panier couvert; laissez Fritz dételer.

Mais les enfants continuaient à assiéger le fermier en parlant tous à la fois. Il se baissa pour les embrasser l'un après l'autre; puis se redressant tout à coup :

— Où est Jean? demanda-t-il avec une précipitation qui avait quelque chose d'inquiet.

— Ici, père, ici, répondit une petite voix grêle partant de la porte de la ferme; la mère ne veut pas que je sorte par cette pluie.

— Reste, reste, dit Moser, qui jeta les traits sur le dos des chevaux dételés; je vais à toi, *filiot;* rentrez, vous autres, pour ne pas lui donner la tentation de sortir.

Les trois enfants regagnèrent le seuil où le petit Jean se tenait debout près de sa mère.

C'était une pauvre créature si cruellement contrefaite, qu'au premier aspect on n'eût pu dire son âge, ni la nature de son infirmité. Tout son corps déjeté par la maladie formait une ligne tortueuse et pour ainsi dire brisée. Sa tête démesurée rentrait entre deux épaules inégalement arrondies, tandis que son buste était soutenu par deux petites béquilles remplaçant des jambes atrophiées qui n'eussent pu le soutenir.

A l'approche du fermier, il étendit ses bras amaigris avec un sentiment de joie et d'amour qui éclaira la figure sillonnée de Moser. Celui-ci l'enleva dans ses mains robustes en poussant une exclamation de bonheur attendri.

— Et allons donc, ma petite taupe! s'écria-t-il; embrassez le père... à deux bras... bien fort... — Comment a-t-il été depuis hier?

La mère secoua la tête.

— Toujours la toux, dit-elle à demi-voix.

— Ce n'est rien, père, reprit l'enfant de son accent grêle; Louis m'avait traîné trop vite dans ma chaise à roulettes; mais je suis bien, très-bien; je me sens fort comme un homme.

Le paysan le déposa à terre avec précaution, l'appuya sur ses petites béquilles qui étaient tombées, et le regarda d'un air de complaisance.

— Ne trouves-tu pas qu'il grandit, femme? dit-il du ton d'un homme qui veut être encouragé. Marche un peu, Jean; marche, garçon! Il marche plus vite et plus fort; ça ira bien, va femme; faut seulement de la patience.

La fermière ne répondit rien, mais son regard se porta vers l'enfant infirme avec un désespoir si profond qu'Arnold en tressaillit; heureusement que Moser n'y prit point garde.

— Allons! ici la couvée, reprit-il en ouvrant le panier qu'il avait retiré du chariot; il y en a pour tout le monde. En rang et avancez les mains.

Le paysan venait d'exhiber trois petits pains blancs dorés par la cuisson : trois cris de joie partirent à la fois, et six mains s'avancèrent pour les saisir; mais toutes s'arrêtèrent comme à un commandement.

— Et Jean? demandèrent les voix enfantines.

— Au diable Jean, reprit gaiement Moser; il n'y a rien pour lui ce soir : Jean aura sa part une autre fois...

Mais l'enfant souriait, et cherchait à se soulever pour regarder dans le panier. Le fermier recula d'un pas, écarta avec précaution le couvercle, et, relevant le bras d'un air solennel, montra aux yeux de tous un pain d'épice garni d'amandes et décoré de dragées blanches et roses!

Ce fut une exclamation générale d'admiration. Jean lui-même ne put retenir un cri de bonheur; une légère rougeur traversa ses traits pâles, et il tendit les mains avec une expression d'avidité joyeuse.

— Ah! ça te va, ma petite taupe! s'écria le paysan, dont le visage s'éclaira du plaisir de l'enfant; prends, mon vieux, prends; ce n'est que sucre et miel.

Il plaça le pain d'épice entre les mains du petit bossu qui tremblait de bonheur, il le regarda s'en aller, et, se retournant vers Arnold, lorsque le bruit des béquilles se fut perdu dans la maison:

— C'est mon aîné, dit-il, avec un léger fléchissement dans la voix; le mal l'a un peu déformé; mais c'est fin comme l'ambre, et il ne dépendra que de nous d'en faire un monsieur.

Tout en parlant, il avait traversé la première pièce du rez-de-chaussée, et il introduisit son hôte dans une sorte de salle à manger dont les murs blanchis à la chaux avaient pour seules décorations quelques gravures grossièrement coloriées. En y entrant, Arnold aperçut Jean assis par terre, et entouré de ses frères, entre lesquels il partageait le gâteau donné par son père. Mais chacun se récriait sur son lot, et le voulait moindre; il fallait toute l'éloquence du petit bossu pour les décider à accepter les parts telles qu'il les avait faites. Le jeune chasseur regarda quelque temps ce débat avec un singulier intérêt, et en témoigna son admiration à la fermière lorsque les enfants furent ressortis.

— Il est certain, dit celle-ci avec un sourire et un soupir, qu'il y a des heures où l'on dirait que ça leur profite de voir les infirmités de Jean : entre eux ils cèdent avec peine, mais aucun n'a rien à refuser pour Jean; c'est comme un continuel exercice à la complaisance et au dévouement.

— Tiens! la belle vertu! interrompit Moser; qui est-ce qui pourrait refuser quelque chose à un innocent si éprouvé? c'est bête à dire, pour un homme; mais cet enfant-là, voyez-vous, monsieur, me donne toujours envie de pleurer! Souvent, quand je suis aux champs, je me mets tout à coup à penser à lui; je me dis : — Jean est malade; ou bien : — Jean est mort! et alors l'ouvrage a beau être pressé, faut que je trouve un prétexte pour revenir au logis et voir ce qu'il en est. Après ça, il est si faible et si souffrant! si on ne l'aimait pas plus que les autres, il serait trop malheureux.

— Oui, oui, reprit la fermière doucement; la pauvre créature est en même temps notre croix et notre bonheur; j'aime bien tous mes enfants, monsieur; mais quand j'entends le bruit des béquilles de Jean sur le plancher, je suis toujours prise d'un saisissement de joie : c'est un avertissement que la chère créature ne nous a pas encore été retirée par le bon Dieu. Il me semble que Jean porte bonheur à la maison, comme les nids d'hirondelles attachés aux fenêtres ; si je n'avais pas à le soigner, je croirais n'avoir plus rien à faire.

Arnold écoutait ces naïves expressions de tendresse avec un intérêt mêlé d'étonnement. La fermière appela une servante pour l'aider à dresser la table; et, sur l'invitation de Moser, le jeune homme s'approcha d'un feu de broussailles que l'on venait de ranimer.

Comme il s'appuyait au manteau fumeux de la cheminée, ses regards tombèrent sur un petit cadre noir qui renfermait une feuille desséchée. Moser s'en aperçut.

— Ah! vous regardez ma relique, dit-il en riant; c'est

une feuille du saule pleureur qui pousse là-bas sur le tombeau de *l'ancien!*... Je l'ai eue d'un négociant de Strasbourg qui avait servi dans la *vieille.* Je ne donnerais pas la chose pour cent écus.

— Vous y attachez donc quelque idée particulière? demanda le chasseur.

—Des idées, non, répliqua le paysan ; mais moi aussi j'ai fait un congé dans le quatrième des hussards, un vaillant régiment, monsieur, qui a été drôlement arrangé à Montmirail! il n'est resté que huit hommes de notre escadron : aussi, quand le Petit Caporal a passé devant la ligne, il nous a salués... oui, monsieur, salués avec son chapeau! Tonnerre! il y avait de quoi se faire tuer jusqu'au dernier, voyez-vous. Ah! c'était le père du soldat!

Ici le paysan se mit à bourrer sa pipe en regardant le cadre de bois noir et la feuille desséchée. Il y avait évidemment pour lui, dans ce souvenir d'une merveilleuse destinée, tout un roman de jeunesse, d'émotions et de regrets. Il se rappelait les dernières luttes de l'Empire, auxquelles il avait assisté, les revues passées par l'Empereur, alors que sa présence faisait croire encore à la victoire; les succès passagers de la fameuse campagne de France, aussitôt expiés par le désastre de Waterloo; le départ du grand vaincu, et sa longue agonie sur le rocher de Sainte-Hélène! Toutes ces images traversaient successivement l'imagination du fermier, et son front se plissait; son pouce s'appuyait avec plus d'énergie sur la pipe remplie depuis longtemps, et il sifflottait entre ses dents une marche de son ancien régiment.

Arnold respecta cette muette préoccupation du vieux soldat, et attendit qu'il reprît lui-même la parole.

L'arrivée du souper l'arracha à sa rêverie; il approcha une chaise pour son hôte, et alla prendre place de l'autre côté de la table.

— Allons! à la soupe, s'écria-t-il brusquement; je n'ai rien pris depuis ce matin qu'une croûte avec deux gorgées d'eau de cerise, je mangerais ce soir un bœuf sans le mâcher.

En même temps, pour prouver son dire, il se mit à vider l'immense écuelle de soupe au lard placée devant lui.

On n'entendit pendant quelques minutes, que le bruit des cuillers, bientôt suivi de celui des couteaux qui découpaient le quartier de porc fumé servi par la fermière. La marche et le grand air avaient donné à Arnold lui-même un appétit qui lui fit oublier toutes ses délicatesses parisiennes : le lard de Moser lui parut avoir une saveur inconnue, et son piqueton je ne sais quelle qualité apéritive qui l'excitait à manger pour mieux boire et à boire pour mieux manger. Le souper allait s'égayant de plus en plus, lorsque le paysan releva la tête, comme frappé d'un souvenir subit.

— Et Farraut? demanda-t-il; je ne l'ai pas vu depuis mon retour...

Le fermière et les enfants se regardèrent sans répondre.

— Eh bien, qu'est-ce que c'est? reprit Moser, qui remarqua leur embarras; où est le chien? qu'est-il arrivé? Répondrez-vous, Dorothée?

— Ne te fâche pas, père, interrompit Jean ; on n'osait point te le dire ; mais Farraut est parti et n'est pas revenu.

— Mille diables ! Il fallait donc avertir ! s'écria le paysan en frappant la table du poing. Et quel chemin a-t-il pris ?

— Le chemin des Garennes.

— Quand cela ?

— Après le déjeuner : nous l'avons vu monter le petit sentier.

— Faut qu'il lui soit arrivé quelque chose, dit Moser en se redressant... Le malheureux animal n'y voit presque plus, et il y a tout du long des sablonnières ! Va chercher ma peau de chèvre et la lanterne, femme : faut que je retrouve Farraut, mort ou vif.

Dorothée sortit sans faire aucune observation sur l'heure ni le mauvais temps, et reparut bientôt avec ce que son mari avait demandé.

— Vous tenez donc bien à ce chien ? demanda Arnold, surpris d'un pareil empressement.

— C'est pas moi, répondit Moser, qui allumait sa pipe ; mais il a rendu service au père de Dorothée. Un jour qu'il revenait de la Poutroye avec le prix de ses bœufs, quatre hommes ont voulu le tuer pour avoir son argent, et sans Farraut c'était fait : aussi quand il est mort, il y a deux ans, le bonhomme m'a appelé à son lit pour me demander de soigner le chien comme un de ses enfants... Ç'a été son mot... J'ai promis, et ce serait une honte de ne pas tenir parole aux morts... — Hé ! Fritz, donne-moi mon bâton ferré... — Je voudrais pas, voyez-vous pour une pinte de mon sang qu'il *soye* arrivé quelque chose à Farraut... C'est une bête qui est dans la famille depuis vingt ans... qui nous connaît tous à la voix... et qui rappelle le grand-père... A vous revoir, monsieur, et bonne nuit jusqu'à demain.

Moser s'enveloppa dans sa peau de chèvre, et sortit. On entendit le bruit de son bâton ferré se perdre au milieu des rumeurs du vent, et de la pluie qui continuait à tomber.

Après une assez longue pause, la fermière proposa au chasseur de le conduire au gîte qui lui était destiné; mais Arnold demanda la permission d'attendre le retour du maître de la maison, si ce retour ne tardait pas trop. Il commençait à s'intéresser à l'homme qui lui avait d'abord paru si vulgaire et à l'humble famille dont il avait cru la vie si dépourvue de valeur.

Cependant la veillée se prolongea sans que Moser reparût. Les enfants s'étaient endormis l'un après l'autre, et Jean lui-même, qui avait résisté plus longtemps, dut enfin gagner son lit. Dorothée, inquiète, allait sans cesse du foyer à la porte de la ferme, et revenait de la porte au foyer sans avoir rien aperçu. Arnold essayait de la rassurer, mais son esprit s'exaltait dans l'attente : elle accusait Moser de ne songer ni à sa santé, ni à sa sûreté; d'être toujours prêt à se sacrifier pour les autres; de ne pouvoir se résigner à voir souffrir un homme ou un animal sans tout hasarder pour le soulager; et, à mesure qu'elle multipliait ses plaintes, qui ressemblaient singulièrement à une glorification, ses inquiétudes devenaient plus vives; elle avait mille pressentiments funestes. La veille, le chien avait hurlé pendant toute la nuit ; un hibou était venu se percher sur le toit de la ferme ; on se trouvait au mercredi, jour habituellement fâcheux dans leur famille. Ses angoisses étaient enfin arrivées à un tel point, que le jeune chasseur lui proposa d'aller à la recherche de son mari, et qu'elle se préparait à éveiller Fritz pour l'accompagner, lorsqu'un bruit de pas se fit entendre la nuit.

— C'est Moser ! dit la paysanne, qui s'arrêta court.

— Holà ! hé ! ouvre vite, femme, cria le fermier du dehors.

Elle courut tirer le verrou, et Moser parut portant dans ses bras le vieux chien aveugle.

— Le voici, dit-il gaiement, Dieu me sauve ! j'ai bien cru que je ne le retrouverais jamais : la malheureuse bête avait roulé au fond de la grande pierrière.

— Et tu es allé le chercher là ? demanda Dorothée effrayée.

— Fallait-il pas le laisser au fond, pour le retrouver noyé demain ? répliqua l'ancien soldat. J'ai glissé le long de la grande berge, et je l'ai emporté dans mes bras comme un enfant : seulement, la lanterne y est restée.

— Mais, malheureux, tu risquais ta vie ! s'écria Dorothée, à qui l'explication de son mari donna le frisson.

Celui-ci fit un mouvement d'épaule.

— Ah bah ! dit-il avec une gaieté insouciante ; quand on ne risque rien on n'a rien ; j'ai retrouvé Farraut, c'est le principal. Si le grand-père nous voit de là-haut, il doit être content.

Cette réflexion, faite d'un accent presque indifférent, émut Arnold qui tendit vivement la main au paysan.

— Ce que vous avez fait là est d'un brave cœur, dit-il avec émotion.

— De quoi? parce que j'ai empêché un chien de se noyer? répliqua Moser. Pardieu ! chiens et hommes... j'en ai, Dieu merci, retiré plus d'un d'embarras depuis que je suis né ; mais j'ai quelquefois eu meilleur temps qu'aujourd'hui. Hé ! dis donc femme, il doit rester par là un verre de cognac ; apporte un peu ici la bouteille, que je prenne un air de soleil intérieurement : il n'y a rien qui sèche mieux quand on est mouillé.

Dorothée apporta la bouteille au fermier, qui but en portant la santé de son hôte ; puis chacun alla se reposer.

Le lendemain, le beau temps était revenu ; le ciel, dégagé des nuages (dont plusieurs avaient fondu pendant la nuit), brillait de tout son éclat ; et les oiseaux chantaient, en secouant leurs ailes, sur les arbres encore humides.

Lorsqu'il descendit du grenier, où un lit lui avait été préparé, Arnold trouva près de la porte Farraut qui se chauffait au soleil levant, tandis que le petit Jean, assis sur ses béquilles, lui préparait un collier de graines d'églantier. Un peu plus loin, dans la première pièce, le fermier trinquait avec un mendiant qui venait réclamer sa dîme de la semaine ; Dorothée tenait sa besace, qu'elle remplissait.

— Allons, vieux Henri, encore un coup, disait le paysan, en remplissant le verre du porte-haillons ; pour achever votre tournée il faut prendre du courage.

— On en trouve toujours ici, fit observer le mendiant avec un sourire; il n'y a pas beaucoup de maisons dans la paroisse où l'on donne plus; mais il n'y en a aucune où l'on donne d'aussi bon cœur.

— Taisez-vous donc, père Henriot, interrompit Moser; est-ce qu'on parle de ces choses-là? buvez, et laissez le bon Dieu juger les actions de chacun. Vous avez servi aussi, vous; nous sommes de vieux camarades.

Le vieillard se contenta de secouer la tête, et heurta son verre contre celui du fermier; mais on voyait qu'il était plus touché de la cordialité qui présidait à l'aumône que de l'aumône elle-même.

Quand il eut repris son bissac et salué, Moser le regarda s'en aller jusqu'à ce qu'il eût tourné le chemin. Respirant alors bruyamment:

— Encore un pauvre vieux sur le pavé? dit-il en se tournant vers son hôte; vous me croirez si vous voulez, monsieur, mais quand je vois des hommes dont la tête branle, s'en aller ainsi, demandant leur pain de porte en porte, ça me tourne le sang! Je voudrais pouvoir leur mettre le couvert à tous, et trinquer avec eux comme tout à l'heure avec le père Henri. On a beau dire, voyez-vous : pour qu'une vue pareille ne vous casse pas les membres, faut penser qu'il y a là-haut un pays où ceux qui n'ont pas été appelés ici à l'ordinaire recevront double ration et double paye.

— Ah! conservez cette espérance, dit Arnold; elle soutient et console. Je n'oublierai de longtemps les quelques heures passées chez vous, et j'espère que ce ne seront pas les dernières.

— A votre aise, dit le vieux soldat; si le lit de là-haut ne vous paraît point trop dur, et si vous digérez notre lard fumé, revenez sans façon, et nous serons toujours vos obligés.

Il secoua la main que le jeune homme avait tendue, lui indiqua le chemin qu'il devait suivre, et ne quitta le seuil que lorsqu'il l'eut vu disparaître au tournant du chemin.

Arnold marcha quelque temps le front baissé; mais, en atteignant le sommet du coteau, il se retourna pour jeter un dernier regard en arrière; et, apercevant la cheminée de la ferme, au-dessus de laquelle s'élevait une légère fumée, il sentit une larme d'attendrissement monter à sa paupière:

— Que Dieu protége toujours ceux qui reposent sous ce toit et celui qui le garde! murmura-t-il à demi-voix; car là où l'orgueil me faisait voir des créatures incapables de comprendre les délicatesses de l'âme, j'ai trouvé des modèles pour moi-même. J'avais jugé le fond sur la forme et cru la poésie absente, parce qu'au lieu de se montrer au dehors, elle se cachait au cœur des choses elles-mêmes; observateur inhabile, je repoussais du pied ce que je croyais des cailloux, sans deviner que, sous ces gangues grossières, se cachaient des diamants.

CINQUIÈME RÉCIT

LE SCULPTEUR DE LA FORÊT-NOIRE.

Il est impossible de parcourir le duché de Bade sans être frappé du caractère à la fois doux et sauvage de la contrée. Il n'en est aucune autre, peut-être, où les contrastes soient plus heureusement ménagés. Tout a son effet et son harmonie; on dirait un parc immense dont Dieu a été l'architecte, et où il a réuni tous les charmes de la création.

Mais c'est surtout à la lisière de la Forêt-Noire que les sites prennent un aspect impressif. Là, les vallées qui s'étendent jusqu'au Rhin se resserrent tout à coup, et finissent par n'être plus qu'une fente de rocher, donnant à peine passage aux petits chevaux des fabricants *d'eau de cerises* (*kirschwasser*). Vues d'une éminence, elles représentent d'immenses triangles dont la base borde le fleuve et dont le sommet se rattache à la montagne par un étroit sentier.

L'herbe de ces vallées, arrosée par des eaux thermales, pousse à la hauteur des blés, toujours verte, ondoyante, et nuancée de plus de fleurs qu'un savant n'en pourrait classer en un jour. On dirait un tapis de velours et de soie étendu au pied de la forêt.

Celle-ci couvre les collines, autour desquelles elle tourne, en formant mille spirales de verdure et s'arrêtant au-dessous des sommets les plus élevés, qui montrent, de loin en loin, leurs têtes chauves et blanchies de neige.

Or, c'était entre deux de ces collines, au fond d'une des gorges étroites où viennent finir les vallées, qu'habitait, il y a quelques années, un jeune homme, appelé Herman Cloffer, dont aujourd'hui les vieillards répètent souvent l'histoire à leurs fils. Nous la donnerons ici, non telle qu'on la raconte dans la montagne, mais telle que le ministre de Badenwiller nous l'a fait connaître, avec tous ses détails et tout son enseignement; car il avait aimé Herman dès son enfance, et avait reçu ses confidences à son lit de mort.

Herman était fils d'un maître d'école. Son père lui

avait donné quelque instruction : il savait un peu de latin, jouait du violon, et parlait le français assez facilement ; aussi l'appelait-on dans le pays *maister Cloffer*.

S'étant occupé dès son enfance, comme tous les habitants de la montagne, à tailler le sapin avec son couteau, il avait insensiblement pris goût à ce travail, et était arrivé à sculpter des jouets d'enfants avec une certaine délicatesse ; mais un voyage qu'il fit à Bâle lui permit de voir quelques boiseries gothiques, et ce fut pour lui comme une initiation. Il comprit ce que c'était que l'art, et où la patience humaine pouvait atteindre. Dès lors sa vocation fut décidée ; laissant là les jouets auxquels il s'était auparavant appliqué, il se mit à sculpter sur bois tout ce qui frappait ses yeux, étudiant les moindres détails, achevant pour recommencer, et recommençant pour achever encore ; ne laissant, enfin, rien en arrière, et travaillant avec le fervent amour de l'œuvre et pour elle seule.

Cette consciencieuse application ne tarda pas à amener des résultats. Ses essais, d'abord incorrects et confus, devinrent plus fidèles, plus nets, plus hardis ; les difficultés d'exécution disparurent pour faire place aux difficultés de l'art ; Herman n'eut bientôt plus à chercher la forme, mais le mouvement ; la science était acquise, restait à prouver le génie.

Alors commença pour le jeune homme cette lutte du sentiment qui veut se produire, contre la matière inerte qui résiste, lutte si pleine de joie lorsqu'elle est heureuse et que la création s'accomplit !

On eût dit, du reste, que le bois obéissait à toutes les

fantaisies d'Herman; il semblait le pétrir et le mouler au simple contact de sa pensée. Uniquement occupé de son travail, voulant le rendre aussi bien qu'il le rêvait, il s'y confondait tout entier; il l'animait de ses désirs; on y sentait les émotions de sa pensée au tremblement de sa main. Rien dans ce qu'il faisait n'était la conséquence d'une combinaison ou d'un système, mais d'une impression : il avait compris l'art comme l'expression visible d'une âme humaine en face de la création.

Ses sculptures, primitivement confondues avec les grossières esquisses des pâtres de la forêt, finirent par être distinguées. On en demanda de Baden d'abord, puis de Munich, de Vienne, de Berlin. Le marchand, qui avait acheté les premières à vil prix, pressa le jeune homme de lui en livrer de nouvelles, promettant de les lui payer plus cher.

Herman, qui, depuis la mort du maître d'école, était le seul soutien de sa mère, vit avec joie qu'il pourrait lui assurer, par son travail, une vieillesse tranquille. En effet, une aisance inaccoutumée se fit bientôt sentir dans la chaumière : on put ajouter quelques meubles au rustique ménage, renouveler l'habit des dimanches, et, quelquefois, le soir, quand venaient les voisins, leur servir un plat de kneft avec une bouteille de vin du Rhin. Herman alors prenait son violon et accompagnait sa mère qui chantait, d'une voix encore vibrante, les vieux airs de la Souabe, ou quelques ballades de Schiller que le maître d'école lui avait apprises.

Les jours de Cloffer se partageaient ainsi entre le travail et de tranquilles distractions; il laissait Dorothée veiller aux affaires. Dégagée de tout soin matériel, sa vie était une méditation continuelle et féconde ; rien ne l'arrachait à son monde idéal, que les plaisirs du voisinage ou les tendresses de la famille. Il pouvait s'abandonner tout entier aux intimes joies de l'invention, causer longuement et familièrement avec son génie. Les deux tiers de son temps étaient livrés à sa seule inspiration, et, retiré dans l'art, comme les saints dans leur pieuse contemplation, il ne sentait aucun des froissements de la vie réelle.

Un soir d'été, qu'il était assis à la porte de sa chaumière, fumant sa pipe d'écume de mer, et tenant sur ses genoux son violon, dont il tirait quelques vagues accords, un cavalier tourna tout à coup le sentier.

C'était un étranger, d'environ quarante ans, dont l'élégance et la tournure annonçaient un homme du monde. Il s'était arrêté à quelques pas de la chaumière de Cloffer, regardant autour de lui avec un lorgnon ; enfin, ses yeux s'arrêtèrent sur le jeune homme.

— Ah! voilà ce qu'il me faut, s'écria-t-il en français. Et s'avançant vers lui :

— Pourriez-vous m'indiquer où je trouverai Herman, le sculpteur ? baragouina-t-il dans un allemand presque inintelligible.

— C'est moi, dit Cloffer, en se levant.

— Vous! s'écria l'étranger ; pardieu! c'est à merveille.

Et, descendant de cheval, il jeta la bride à un domestique en livrée qui l'avait rejoint.

— Je vous cherchais, maister, reprit-il d'un ton dégagé; je suis Français... vous avez dû vous en apercevoir à ma manière de parler l'allemand... et de plus collectionneur. J'ai vu vos sculptures, je viens en acheter.

Herman le fit entrer dans sa chaumière.

— C'est donc ici que vous travaillez! demanda le Français, qui promena un regard surpris sur la pièce enfumée.

— Près de cette fenêtre, répondit Cloffer.

Et il montra à l'étranger une longue table sur laquelle étaient dispersées plusieurs sculptures achevées. Dessous, on voyait entassées des billes de sapin dégrossies; ses rares outils étaient accrochés au mur.

— Quoi! vous n'avez point d'autre atelier.

— Non, monsieur.

Le collectionneur porta le lorgnon à son œil droit.

— Miraculeux! murmura-t-il, faire de pareils chefs-d'œuvre dans cette tanière. Mais, maister Herman... c'est ainsi, je crois, que l'on vous nomme..., vous manquez de tout ici : vous n'avez ni excitation, ni conseils...

— Je tâche d'imiter ce que je vois, comme je le sens, répondit simplement Cloffer; voici des chèvres copiées sur nature, un taureau et un enfant...

— Adorables! interrompit l'étranger, qui avait pris les deux sculptures qu'Herman lui présentait; un *flou*, une finesse, *un accent*... Je les achète; votre prix?

Herman l'indiqua.

— C'est convenu, répondit le Français, qui sembla étonné du bon marché; mais savez-vous, mon cher maister, que j'ai remué ciel et terre pour vous trouver? Les marchands qui revendent vos sculptures en Allemagne ignorent votre nom ou le cachent, et je ne pouvais découvrir le juif qui vous achète de première main. Il m'a fallu avoir recours à notre ambassadeur de Vienne, qui a fait demander des renseignements à la police. Bref, j'ai su votre nom, et comme je passais à Badenwiller, j'ai voulu vous voir.

Herman s'inclina.

— Vous ne soupçonnez point quelle réputation vous avez déjà en Allemagne, reprit l'étranger; on s'arrache vos sculptures; j'en ai vu dans le cabinet de M. de Metternich. Vous ne comptez point, sans doute, rester ici?

— Excusez-moi, monsieur, répondit Herman, je ne songe point à quitter la forêt.

— Comment! mais c'est perdre votre avenir; pensez donc que vous y végéterez toujours.

— Je vis heureux, monsieur.

— Heureux! répéta l'étranger en lorgnant le costume grossier de Cloffer; cela prouve que vous êtes philosophe, mon cher maister : mais vous n'avez pas même ici un atelier. Sculpter à trois pas du foyer où l'on cuit la choucroûte et le lard fumé! il n'y a que vous autres Allemands pour une pareille vie.

— Que gagnerais-je à en changer? demanda Herman.

— De la célébrité d'abord! Jusqu'à présent on connaît vos œuvres et l'on ignore votre nom. Il faut que vous preniez votre rang, mon cher maister; il faut surtout que vous fassiez fortune.

— Faire fortune! répéta Cloffer étonné; et par quel moyen?

— Mais, pardieu! avec vos brimborions, s'écria le

Français. Vous ne savez donc pas que maintenant nos artistes vivent comme des fils de famille? Il faut profiter des progrès du siècle, Herman; venir à Paris! Je vous ncerai dans une société de journalistes, qui feront de us un Michel-Ange en miniature; avant deux ans vous rez un groom et un tilbury.

— Est-ce possible?

— Certain; et puisque le hasard m'a fait vous rencontrer, je veux que vous en profitiez. La lumière ne restera point sous le boisseau; croyez-moi, venez à Paris.

— Je n'y puis songer, murmura le sculpteur en secouant la tête.

— Pourquoi donc?

— J'ai mes habitudes, mes amis, ma mère surtout...

— Vous trouverez à Paris de quoi remplacer tout cela.

— Non, non.

— Réfléchissez, je vous en prie, reprit le Français, qui en cherchant à persuader Cloffer s'était persuadé lui-même; réfléchissez qu'ici vous vivrez toujours comme un paysan. Vous me faites l'effet, voyez-vous, d'un prince élevé à l'écart et qui ignore qu'ailleurs une couronne l'attend; or, c'est cette couronne que je viens vous offrir. On ne vous demande que de renoncer à votre vieil habit, à votre vieux toit, et l'on vous promet le succès, la richesse! Vous avez beau être Allemand, vous aimez, je suppose, les spectacles et le vin de Champagne : vous aurez tout cela, maister, en échange de votre petite bière. Décidez-vous donc, et je vous emmène dans ma chaise de poste.

Herman allait répondre, mais il tressaillit tout à coup

et s'arrêta; ses yeux venaient de rencontrer ceux de Dorothée.

Entrée depuis quelques instants, elle avait écouté, et, bien qu'elle ne comprît point le français, son œil de mère avait deviné, à l'agitation inaccoutumée d'Herman, que quelque chose d'extraordinaire se passait:

— Que te dit l'étranger? demanda-t-elle en allemand.

— Il me parle de son pays, ma mère, répondit Cloffer.

— Et il te propose d'y aller, peut-être?

Herman fit un signe affirmatif.

— Souviens-toi, dit vivement la vieille, que c'est ici que vivent les gens qui t'aiment.

— Je ne l'oublierai pas, répondit Herman.

— Eh bien? demanda le Français, qui avait vainement cherché à comprendre.

— Je ne veux point quitter ma mère, monsieur, répondit gravement Cloffer.

Et comme l'étranger voulait insister :

— Ma détermination est bien arrêtée, reprit-il d'un accent brusque et ferme; rien ne m'en fera changer.

Le Français fit un mouvement des épaules.

— Comme vous voudrez, maister, dit-il; mais vous sacrifiez votre fortune...

Puis il ajouta :

— J'ai laissé à Badenwiller des dames qui se sont trouvées trop fatiguées de la route pour m'accompagner; elles vous achèteront tout ce que vous avez d'achevé ; ne voulez-vous point le leur apporter vous-même ? Nous pourrions encore arriver pour l'heure du dîner.

Cloffer consentit après quelques hésitations.

Lorsqu'il revint, il était déjà tard; les étrangers l'avaient retenu à dîner à l'hôtel. Sa mère voulut le questionner; mais il lui répondit brièvement, d'un ton d'impatience contenue.

Le lendemain, il se remit au travail avec tristesse, et fut tout le jour sans parler. Il était aisé de voir que son âme n'avait plus cette sérénité qui s'épanchait autrefois en causeries. Repliée sur elle-même comme un oiseau malade, elle n'égayait plus la maison de ses mouvements ni de ses chants. Dorothée espéra que cette tristesse serait passagère, et ne négligea rien pour la dissiper.

Mais une grande révolution s'était accomplie dans le jeune sculpteur. Tant qu'il n'avait vu que ses amis et ses voisins, il s'était laissé vivre comme eux, sans ambition, bornant ses désirs aux faciles jouissances qu'il connaissait, et ne supposant rien au delà. La vue et les paroles de l'étranger le transformèrent.

Il avait d'abord écouté ses récits comme les contes de fées qui enchantaient son enfance; mais les dames qu'il vit à l'hôtel confirmèrent tout ce qu'avait dit leur compagnon : l'une d'elles avait fait plus, elle s'était offerte en exemple. Pauvre comme Herman peu d'années auparavant, elle devait au chant l'opulence dont il la voyait entourée; et cette opulence, le jeune sculpteur en avait été ébloui !

La pensée qu'il pourrait y arriver à son tour lui donna une sorte de vertige. En vain je ne sais quel sage instinct lui disait tout bas de fuir ces tentations trompeuses; toutes les mauvaises passions, longtemps endormies, s'éveillaient en lui, chantant en chœur, comme les sorcières de Macbeth : — *Tu seras riche, tu seras célèbre !* et Herman était près de céder à ces enivrantes promesses.

Ce qui le charmait autrefois ne tarda pas à lui devenir indifférent : l'image de Paris s'interposait entre lui et toutes choses; c'était comme une ombre fatale qui empêchait le soleil de la joie de lui arriver. Il ne travaillait plus qu'avec distraction, commençant mille esquisses, n'en achevant aucune, et trouvant partout le dégoût.

Sa santé finit par se ressentir d ces préoccupations nouvelles, et une fièvre lente commença à le miner sourdement. Jusqu'alors sa mère avait gardé le silence; mais lorsqu'elle le vit tomber dans cette langueur plus dangereuse que le désespoir, elle ne balança plus.

— Que Dieu pardonne à ces étrangers ce qu'ils ont fait, Herman ! dit-elle ; ils sont venus ici, comme le serpent dans le paradis terrestre, t'engager à manger le fruit de l'arbre de la science... Mais le mal est accompli, mon fils, et tu ne peux rester plus longtemps; pars, puisque nous n'avons plus ce qui peut te rendre heureux.

Cloffer voulut faire des objections; mais la vieille femme n'avait parlé qu'après avoir accompli le sacrifice dans son cœur : elle leva tous les obstacles avec cette facilité ingénieuse que Dieu ne donne qu'aux mères et cette abnégation que les femmes nous montrent sans pouvoir nous l'enseigner. Les préparatifs furent achevés en quelques jours. Dorothée blanchit elle-même le linge d'Herman; elle répara ses vêtements; et veilla à tous les détails de manière à ce qu'il fût longtemps sans souffrir de son absence. Elle lui donna ensuite la meilleure portion de ses épargnes, et lui recommanda, non de les ménager, mais de ne s'imposer aucune privation.

— Ce que je garde ici est à toi comme le reste, ajouta-t-elle ; sois heureux si tu peux, je n'ai point d'autre désir.

Herman accepta tous ces soins avec reconnaissance, mais, en même temps, avec une joie qui serrait le cœur de sa mère. Depuis qu'il devait partir pour Paris, la santé lui était revenue ; il parlait plus haut, chantait sans cesse, et travaillait avec courage. Il ne voulait point arriver dans la grande ville les mains vides, et il épuisa tout son art sur un groupe d'enfants qu'il devait présenter comme preuve de son savoir-faire.

Enfin le jour du départ arriva : la séparation fut déchirante. Herman déposa deux fois son bâton de voyage en déclarant qu'il ne partirait pas ; mais sa mère surmonta sa propre douleur pour lui donner du courage.

La nouveauté des objets et le mouvement du voyage firent bientôt diversion aux souvenirs du jeune homme. A mesure qu'il s'éloignait de son pays, le regret faisait place à la curiosité. A pied, le bâton d'épine à la main et le sac de veau marin aux épaules, il pressait de plus en plus le pas, demandant chaque soir quelle distance le séparait encore de Paris. La route semblait en vain interminable, il ne sentait ni fatigue ni ennui ; allégé par l'impatience, il allait devant lui sans s'arrêter et causant tout bas avec ses espérances. Si une voiture élégante passait, emportée par un cheval rapide, il se disait :

— Moi aussi je voyagerai bientôt de même.

Si ses yeux s'arrêtaient sur une maison de campagne à demi enfouie dans les acacias, il murmurait :

— Encore un peu de temps, j'en aurai une pareille.

Et il continuait joyeusement, prenant ainsi possession, dans l'avenir, de tout ce qui flattait ses regards ou sollicitait son désir.

Enfin, après vingt jours de voyage, il aperçut devant lui une masse confuse qui barrait l'horizon, et au-dessus de laquelle flottait un dôme de vapeurs : c'était Paris !

L'étranger avait laissé son adresse à Herman, lorsqu'il s'était séparé de lui à Badenwiller, en lui recommandant de s'en servir s'il se décidait jamais à visiter Paris. Le jeune sculpteur se hâta donc, à peine arrivé, de se rendre rue Saint-Lazare, où demeurait M. de Riol.

Celui-ci poussa une exclamation d'étonnement à l'aspect de Cloffer.

— Vous ici, maister ! s'écria-t-il ; la montagne s'est-elle donc écroulée dans votre vallées ? les charbonniers de la forêt ont-ils brûlé votre cabane ? ou bien êtes-vous en fuite pour cause politique ?

— Ma cabane est toujours à sa place, répondit Herman en souriant, et le duc n'a point de sujet plus fidèle que moi.

— Ainsi vous êtes à Paris... volontairement ?

— Volontairement.

— Et qui a donc pu faire ce miracle ?

— Vos paroles, monsieur.

Le Parisien regarda avec surprise le jeune Allemand, qui lui expliqua alors tout ce qui s'était passé.

— De sorte, reprit de Riol quand Herman eut achevé, de sorte, mon cher maister, que vous venez à Paris pour faire fortune ?

— Je viens pour m'y faire connaître.

— C'est ce que je veux dire; nous vous aiderons à cela.

— Je compte, en effet, sur vos conseils, sur votre protection.

— Et vous avez raison; mais avant tout je veux vous faire voir nos artistes célèbres, j'en aurai demain ici plusieurs; venez dîner avec nous, et apportez quelque sculpture.

— Soit.

— A demain donc, mais tard; car nous dînons ici à l'heure où vous soupez dans votre Allemagne.

— A demain, sept heures.

— C'est cela.

Ils se serrèrent la main et se séparèrent.

Herman employa une partie de la journée à chercher un logement et une pension. Il parcourut ensuite les jardins publics, admirant les statues et s'arrêtant en extase devant les monuments.

Le lendemain, il était à l'heure indiquée chez de Riol, qu'il trouva entouré d'une douzaine de jeunes gens auxquels on le présenta.

Il avait apporté son groupe d'enfants, qui excita l'admiration générale; un peintre trouva qu'il y avait dans cette œuvre du Benvenuto et du Goujon réunis, un sculpteur compara Herman au Dominiquin; et un journaliste, qui se trouvait là, vint lui serrer la main, en déclarant qu'il le proclamerait le lendemain, dans son feuilleton, le Canova de la Forêt-Noire.

On se mit ensuite à table, et la conversation roula presque uniquement sur la peinture et la sculpture. Herman fut singulièrement étonné de ce qu'il entendit répéter à cet égard. Tous les convives se plaignaient de la décadence de l'art et du mauvais goût public, qui les forçait à suivre une fausse voie. Si les anciens avaient été si grands, et s'ils étaient, eux, si petits, c'était, disaient-ils, à la différence des temps que l'on devait s'en prendre. Maintenant le génie était incompris, le talent impossible! et tous répétaient en chœur, d'un ton mélancolique, en vidant leurs longs verres où moussait le champagne : — L'art se meurt! l'art est mort!

Quant aux causes de cette décadence, les uns accusaient la civilisation, d'autres le gouvernement constitutionnel, quelques-uns les journaux.

— Il n'y a qu'eux-mêmes qu'ils n'accuseront point, dit le feuilletoniste à demi-voix, en se penchant vers Herman; ils ne songent pas que le goût public se forme, après tout, sur ce qu'on lui donne, et que s'il est devenu mauvais ils doivent s'en prendre à eux seuls, puisque c'était à eux de l'éclairer et de le conduire. Vous croyez peut-être que tous ces beaux parleurs sont de fervents adorateurs de l'art; mais pas un d'eux ne voudrait être un Corrége à la condition de travailler et de mourir comme ce grand peintre. Ce qui tue l'art, c'est qu'on ne vit plus pour lui et avec lui; c'est que tous tant que nous sommes nous avons plus de vanité ou d'ambition que d'enthousiasme, et que nous ne cherchons point le beau, mais l'utile.

Après le dîner on rentra au salon, où le groupe d'Herman fut de nouveau examiné et loué; mais tous regrettèrent que le jeune sculpteur n'eût point choisi un sujet différent. Les enfants n'étaient plus à la mode; il y avait eu, dans ce genre, deux ou trois succès qui défendaient de traiter de pareils sujets. Toute la faveur, pour le moment, était aux sujets moyen âge, et l'on conseilla à Herman de sculpter quelque scène empruntée aux vieilles ballades de son pays.

—Cela vous surprend, reprit le journaliste avec un sourire.

—En effet, dit Cloffer, j'avais cru jusqu'à présent que ce qui donnait de la valeur à l'œuvre, c'était sa perfection.

— C'est une idée de la Forêt-Noire, mon cher maister; ici nous sommes plus avancés. Ce qui donne de la valeur à l'œuvre, ce n'est point son mérite, mais son opportunité. Il y a dix ans qu'un artiste a fait sa réputation en peignant un petit chapeau sur un rocher en forme de fromage : le tableau était ridicule, mais répondait aux préoccupations du jour, et nous n'en demandons point davantage.

—Ainsi ce n'est point son art qu'il faut étudier, c'est le caprice du public?

— Comme vous dites, maister. Les peintres, les sculpteurs, les écrivains, ne sont que des marchands de nouveautés : si la mode prend, leur fortune est faite; sinon, ils en essayent une nouvelle.

— Ah! ce n'était point là ce que j'avais compris, murmura Herman.

Et il retourna à son hôtel découragé.

Cependant M. de Riol fut fidèle à sa promesse : il présenta le jeune Allemand partout; il le mit en relation avec les collectionneurs et les marchands, qui lui firent de nombreuses commandes. Herman n'avait jamais été si riche ; mais cette richesse, il la paya de sa liberté. On lui indiqua les sujets qu'il devait traiter, en lui imposant un programme! Ce fut pour lui une sorte de torture aussi douloureuse que nouvelle. Jusqu'alors il avait suivi tous les mouvements de sa fantaisie, traduisant avec le ciseau ses impressions du moment, produisant, sans s'en apercevoir, comme il pensait, comme il voyait, et ne cherchant, dans son œuvre, que la joie d'exprimer complétement ce qu'il avait en lui. Pareil à l'oiseau libre, il s'était accoutumé à voler dans tout le ciel, et voilà que maintenant on ne lui laissait plus qu'un cercle fixe et étroit? Plus d'essai capricieux, plus d'imprévu, plus d'abandon, et, partant, plus de joie! A l'inspiration succédait *la tâche*, et, pour la première fois, il apprenait que le dégoût pouvait se trouver dans le travail.

Un matin que Cloffer était occupé à achever une statuette qui lui avait été demandée, le journaliste qu'il avait rencontré chez de Riol un mois auparavant entra dans sa chambre.

Charles Duvert apportait la Revue dans laquelle venait de paraître l'article promis.

— Je ne sais si vous en serez content, dit-il, mais il a fait sensation.

— Je suis pressé de savoir ce que vous aurez trouvé à dire d'un pauvre découpeur de sapin comme moi, répliqua Herman en ouvrant le journal.

— J'espère vous avoir *bien posé*, fit observer Duvert.

— Je ne puis comprendre par quel moyen.

— Lisez.

Cloffer s'approcha de la fenêtre, et se mit à percourir l'article. C'était une étude fantastique dans laquelle, sous prétexte d'analyser le talent de l'artiste inconnu, on faisait de sa vie un roman plein de circonstances merveilleuses, et aussi nouvelles pour Herman lui-même que pour le public. Charles Duvert s'aperçut de l'étonnement du jeune Allemand.

— J'en étais sûr! s'écria-t-il en riant; voilà une biographie, maister, à laquelle vous ne vous attendiez point; j'ai fait de vous un héros à la manière d'Hoffmann.

— En effet, dit Herman blessé, et je ne puis deviner la cause...

— La cause, mon grand homme, c'est la sottise du public, qui n'aime que les contes de fées! Un artiste dont la vie ressemblerait à celle de tout le monde ne piquerait point la curiosité; il faut que l'on puisse raconter son histoire. Si j'étais à recommencer mes débuts, voyez-vous, je m'annoncerais comme un Gaspard Hauser ou comme un sauvage de l'Orénoque, plutôt que de me donner pour le fils de mon père. Rappelez-vous le succès de Paganini; eh bien, de cette foule qui se pressait à sa suite, un tiers à peine accourait pour l'entendre; le reste venait voir l'homme dont les bizarres aventures avaient rempli les feuilletons, et dont le génie était, dit-on, le résultat d'un pacte avec Satan.

— Ainsi, reprit Herman étonné, le mensonge est la première condition de la gloire?

— Non, mais de la célébrité, maister. La gloire est une chercheuse qui n'a point besoin de tout ce bruit, et qui va prendre le grand homme dans son coin obscur ou même dans sa tombe. Elle eut passé quelque jour par votre Forêt-Noire, demain peut-être, peut-être dans cent ans, et elle eût inscrit votre nom sur ses grandes tables ; mais ici il s'agit seulement de succès et de fortune. Nous faisons de l'art comme on fait des affaires, et la première condition pour tout marchand est d'avoir une enseigne qui puisse attirer l'acheteur. Vous verrez sous peu l'effet de mon article.

Dans ce moment le portier de l'hôtel entra, en annonçant que M. Lorieux demandait à voir le jeune sculpteur.

— Lorieux ! répéta Duvert ; qu'est-ce que je disais ? Il a lu le journal, et vient vous faire quelque commande.

— Vous pensez ?

— J'en suis sûr. Mais tenez-vous bien, maister : plus il paiera cher, plus il croira à votre talent.

Le marchand fut introduit. Il venait, en effet, *proposer une affaire* à Herman ; mais la vue de la chambre dans laquelle le jeune sculpteur travaillait et son ameublement modeste sembla le frapper. Il regarda assez froidement des figurines que celui-ci lui présenta. Duvert s'en aperçut.

— Je suis fâché que vous montriez tout cela ici, maister, dit-il à Herman ; le jour est mauvais, et l'on ne peut juger de la finesse du travail. Si monsieur veut passer à mon atelier...

— Ah ! le maister a un atelier ? demanda le marchand.

— On le lui prépare ; aussi le trouvez-vous campé dans un chenil. Mais il aura, sous peu de jours, le plus beau logement de sculpteur qui soit à Paris; une véritable galerie italienne, donnant sur un jardin; trois mille francs de loyer! Nos artistes vivent aujourd'hui comme de grands seigneurs.

— Et c'est nous qui sommes leurs banquiers, fit observer le marchand avec un gros rire.

— Dites leurs prêteurs, monsieur, leurs intendants... En vous passant par les mains, leur œuvres vous enrichissent. Mais pardon... vous savez qu'on vous attend, maister; terminez vite avec monsieur, je vous prie.

Tout cela avait été dit d'un ton si lesté et si assuré, que Cloffer en était demeuré étourdi. Le marchand, dont ces confidences avaient complétement changé les manières, s'empressa de faire à Herman des propositions que celui-ci accepta, et se retira avec de grandes démonstrations de politesse.

A peine eut-il disparu que Duvert se laissa tomber sur une chaise en éclatant de rire.

— Pour Dieu! que signifie cette plaisanterie, et que venez-vous de lui dire? demanda Cloffer.

— Ce n'est point une plaisanterie, répondit le journaliste, car si vous n'avez point encore l'atelier dont je lui ai parlé, il faut que vous l'ayez.

— Comment?

— N'avez-vous dont point vu l'impression que votre chambre d'hôtel garni a produite sur cet honnête trafiquant? En vous voyant si mal logé, il a été au moment de ne point vous faire de proposition.

— Mais qu'importe mon logement, puisqu'il voyait les œuvres!

— Mon Dieu! maister, vous êtes aussi par trop Allemand. Ne comprenez-vous donc point que pour juger l'œuvre il faut plus de science et de goût que n'en a cet homme? Qu'importe d'ailleurs à M. Lorieux le mérite? ce qu'il veut, c'est un sculpteur en vogue, dont il puisse bien vendre les productions; et l'opulence de l'artiste est la meilleure preuve de son succès. Vous oubliez toujours, Herman, que vous n'êtes plus dans la Forêt-Noire, travaillant selon votre fantaisie, mais à Paris, où vous travaillez pour le goût des autres.

— Hélas! vous avez raison, dit Cloffer en soupirant.

— C'est un apprentissage à faire, reprit Duvert. Vous ne pouvez non plus continuer à vivre dans la solitude; il faut que l'on vous voie dans le monde; une soirée dans certains salons servira plus qu'un chef-d'œuvre à votre réputation.

— Ainsi, dit Herman, ce n'est pas assez d'avoir perdu la liberté de mes inspirations, il faut encore renoncer à la liberté de vivre selon mes goûts?

— Il faut réussir, reprit Duvert, tout est là. Désormais vous ne devez avoir qu'une pensée et qu'un but : faire parler de vous.

Cloffer s'efforça de suivre les conseils de Duvert, et il ne tarda point à en reconnaître la justesse. Sa réputation grandit en quelques mois au delà de toute espérance, et le prix de ses œuvres s'éleva d'autant.

L'article de Duvert avait été accepté comme notice biographique; on répétait partout le nom du jeune Allemand en racontant les circonstances romanesques de sa vie; on le montrait de loin aux premières représentations des théâtres; on donnait des détails sur ses opinions et sur ses habitudes.

Herman se laissa aller à ce doux flot de la mode qui l'élevait sans qu'il eût, pour ainsi dire, besoin de s'aider lui-même. Tous les instincts orgueilleux qui étaient demeurés jusqu'alors endormis dans son âme s'éveillèrent insensiblement. On parlait si haut de son génie qu'il finit par y croire et par accepter l'admiration générale comme un hommage qui lui était dû.

Malheureusement sa réussite avait excité, comme toujours, d'ardentes jalousies. Jusqu'alors il n'avait connu que les douceurs du succès; il ne tarda pas à en sentir l'amertume.

Un article inséré dans un journal ennemi de celui auquel travaillait Duvert commença l'attaque par un examen des œuvres d'Herman. Celles qu'il avait produites depuis son séjour à Paris manquaient, pour la plupart, de cette naïveté qui rendait les premières si précieuses. Enchaîné dans son inspiration, obéissant à la nécessité du gain, sans cesse distrait par les exigences du monde, il avait travaillé rapidement et sans amour. On le lui reprocha avec un regret hypocrite; on montra, l'un après l'autre, les défauts de ces créations hâtives, en flétrissant du nom d'avidité le sentiment qui les avait fait produire.

Ces accusations frappèrent Herman au cœur; ses ennemis l'apprirent sans doute, et les renouvelèrent chaque mois, chaque semaine, chaque jour. Bientôt le jeune sculpteur ne put jeter les yeux sur certaine feuille sans y trouver son nom flétri de quelque sanglante épigramme. On lui prêtait des discours ou des actions ridicules ; on exposait la caricature de sa personne à la risée publique.

Herman, qu'une telle persécution mettait hors de lui, voulut se venger ; Duvert lui objecta tranquillement que c'était *un des côtés du succès.* Pourquoi s'étonnait-il que les mêmes moyens employés par ses amis pour le rendre célèbre le fussent par ses ennemis pour le rendre ridicule? C'était là une suite inévitable de la réputation ; mais Herman était trop peu accoutumé à ces mœurs qui mettent l'œuvre et la personne de l'artiste à la merci de la critique, pour accepter une telle consolation. Il sentait d'ailleurs, au fond des railleries dont on le poursuivait, un reproche exagéré, mais juste. La jalousie avait rendu ses ennemis clairvoyants, et ils frappaient bien au point malade e son cœur.

Cloffer se débattit en vain quelque temps contre ces attaques de moucherons qui le perçaient de tous côtés ; en vain il s'efforça d'oublier la persécution à laquelle il était en butte ; cette âme, accoutumée au repos que donne l'obscurité, avait été trop profondément troublée ; il tomba dans une sombre tristesse qui amena une maladie à laquelle il faillit succomber. Il fallut toute l'habileté des médecins et plusieurs mois de convalescence pour le ramener à la vie. De Riol le décida à un voyage d'Italie qui acheva de le remettre.

A son retour, il avait enfin recouvré ses forces, et la longue oisiveté à laquelle il s'était vu forcément condamné lui avait donné un ardent désir de travailler ; mais lorsqu'il se présenta chez les marchands, ceux-ci le reconnurent à peine. Il était arrivé de Florence un pétrisseur de terre cuite, et la vogue s'était tournée de ce côté.

Herman alla voir Duvert, à qui il fit part de ce changement. Le journaliste haussa les épaules.

— Que voulez-vous, maister, dit-il, le succès est comme la fortune, il faut le prendre aux cheveux; six mois d'absence suffisent pour faire oublier un homme; vous avez eu tort de partir.

— Ma santé l'exigeait.

— Un homme en vogue, maister, n'a pas le droit de se mal porter; notre société est une mêlée, et quiconque sort des rangs, ne fût-ce que pour une heure, trouve au retour sa place prise.

— Mais ne puis-je reconquérir ma position?

Duvert secoua la tête.

— Votre personne et votre nom sont connus; votre talent a perdu sa nouveauté; vous ne pouvez compter désormais sur cet intérêt curieux qui, dans le monde, tient lieu d'admiration; on parle déjà de vous comme d'un mort.

— Mais c'est horrible! s'écria Herman. Quoi! un an a suffi pour m'enlever...

— Ce qu'un an avait suffi pour vous donner, acheva Duvert... Pourquoi en être surpris? La vogue s'en va comme elle est venue.

— Mais que devenir alors?

— Cherchez, mon cher maister; vous pouvez vous faire peintre, poëte ou comédien; ce sera une transformation, et peut-être l'intérêt public vous reviendra-t-il.

Herman ne répondit rien et quitta le journaliste. Il ne pouvait croire encore que celui-ci n'eût point exagéré. Mais il reconnut bien vite la vérité de tout ce qu'il lui avait dit.

Après s'être accoutumé aux enivrements du triomphe, il fallut repasser par toutes ces sollicitations pénibles du début, retrouver les repoussements dont on avait perdu l'habitude, accepter enfin toutes les douleurs et toutes les hontes de l'oubli.

Ces épreuves étaient au-dessus des forces d'Herman. Il lutta quelque temps; mais enfin un jour, après un nouveau refus plus sensible que les autres, il courut à son atelier, fit appeler un marchand, vendit tout, paya ce qu'il devait, et, reprenant le bâton d'épines qu'il avait suspendu au-dessus de la porte comme un trophée :

— C'est assez d'humiliations, murmura-t-il ; retournons à la forêt.

Il sortit de Paris par la même barrière qu'il avait franchie quatre années auparavant pour y arriver; mais, hélas! toutes les espérances qu'il portait alors en lui s'étaient évanouies ; venu heureux, jeune et fort, il s'en allait désespéré, vieilli et mortellement atteint!

La route fut pénible pour Herman. Amolli par la vie parisienne, il avait perdu l'habitude des longues marches au soleil ; il ne sentait plus en lui cette force joyeuse qui aime à se dépenser sous le ciel ; et, plusieurs fois, il fut obligé de s'arrêter afin de prendre du repos. Il profita d'une de ses haltes pour avertir sa mère de son retour.

On devine le bonheur de Dorothée en recevant cette

lettre, qui ne précéda Herman que de quelques heures. Mais sa joie fut bientôt tempérée par la vue du changement qui s'était opéré dans son fils. Elle comprit aisément, à sa pâleur et à la mélancolie distraite de son regard, que ses projets avaient échoué, et que son retour était moins dû à la tendresse qu'au désespoir. Elle ne lui adressa pourtant aucune question. Il lui avait dit, en se jetant dans ses bras :

— Me voici, ma mère, et je ne vous quitterai plus !

C'était assez ; elle s'occupa de tout faire pour que son fils pût retrouver près d'elle la sérénité qu'il avait perdue.

Rassemblant donc autour d'Herman, avec l'ingénieuse adresse d'une femme et d'une mère, tout ce qu'il aimait autrefois, elle lui fit tapisser une chambre séparée dans la chaumière, invita ses vieux amis à le visiter, et obtint des jeunes filles du voisinage de faire les veillées près de son foyer. Tous les jours étaient devenus ainsi des jours de fête chez Dorothée. Mais Herman ne s'en aperçut pas ! Qu'était-ce que tout cela près du monde qu'il avait traversé ? Il entendait toujours ce tumulte élégant au milieu duquel son nom avait retenti autrefois ; il comparait l'obscurité dans laquelle il était retombé à l'éclat qui l'avait un instant entouré ! Cette âme avait perdu sa simplicité en même temps que son calme, et, désabusée des fausses joies du monde, ne pouvait plus retourner aux joies faciles de la famille.

Dorothée finit par s'apercevoir que tous ses efforts étaient inutiles. Herman devenait chaque jour plus triste, plus souffrant. Bientôt le mal fit de tels progrès qu'il ne put quitter la chaumière. La pauvre mère effrayée courut chercher un médecin.

Celui-ci examina le jeune homme avec attention, l'interrogea, lui prescrivit le repos, la distraction, et se retira. Dorothée courut après lui :

— Vous ne dites rien, monsieur? balbutia-t-elle en regardant le docteur avec angoisse.

Il parut embarrassé.

— La vérité! au nom du ciel, reprit la mère éperdue.

— La vérité? balbutia le médecin.

— Je la veux.

— Eh bien!... Je vais prévenir le pasteur.

Dorothée jeta un cri et se laissa tomber à genoux.

Le pasteur vint le lendemain sous prétexte de commander à Herman quelques travaux; mais le jeune homme sourit tristement : sentant les progrès du mal, il avait compris ce qui amenait le prêtre. Il lui ouvrit son cœur et lui raconta tout ce que nous avons dit. Lorsqu'il eut achevé, celui-ci voulut hasarder une consolation; mais Herman l'interrompit.

— Ma douleur est guérie, monsieur, dit-il d'un accent pénétré. Près de mourir, la vérité m'est enfin apparue; tout ce qui est arrivé était juste. J'ai voulu changer les immatérielles jouissances de l'art contre les avantages de la fortune et les vanités de la célébrité; j'ai sacrifié mes affections et mon tranquille bonheur à un délire ambitieux; tôt ou tard je devais subir la peine de mes erreurs. Puisse-t-elle seulement servir de leçon. Si quelque autre, tenté par de vaines promesses, voulait quitter nos vallées pour les grandes villes; racontez-lui mon histoire, monsieur; dites-lui ce que coûte le succès, sans rendre plus heureux ni meilleur; répétez-lui enfin de cultiver son cœur et son intelligence non pour le profit, mais pour le devoir; car la joie ici-bas n'est qu'aux âmes simples.

SIXIÈME RÉCIT

LE PARCHEMIN DU DOCTEUR MAURE.

Un voyageur a dit, en parlant des *posadas* espagnoles, que « c'étaient des espèces d'abri où certains hommes intitulés aubergistes vous fournissaient, pour une nuit, la fumée et la vermine ! » Un autre a ajouté que dans les hôtelleries de la patrie du Cid « ce n'étaient point les hôtes qui nourrissaient leurs voyageurs, mais les voyageurs qui nourrissaient leurs hôtes! » Enfin, un écrivain contemporain vient d'imprimer que les étrangers qui parcouraient les provinces orientales de la Péninsule ibérique devaient apporter leurs lits, sous peine de coucher dans des draps cousus à demeure sur des matelas de laine en suint, et changés seulement tous les printemps!

Quoi qu'il en soit de ces *observations* qui demanderaient à être vérifiées, toujours est-il que les *posadas* de nos jours l'emportent de beaucoup sur celles que l'on rencontrait en Espagne il y a deux siècles. A cette époque, ce n'étaient, en effet, que des espèces de caravansérails fréquentés par des muletiers, qui y trouvaient une litière pour eux et leur monture. Les plus *confortables* avaient seules, outre l'écurie et la salle commune, un grenier partagé en plusieurs compartiments décorés du nom de chambres, et auxquelles on arrivait par une échelle.

Or, c'était dans une de ces *chambres* que venait d'entrer Don José de Fuez d'Alcantra, docteur reçu à Salamanque, hidalgo en sa qualité d'Asturien, mais ne possédant au monde que l'habit qu'il portait, une vingtaine de *reales* (1), et une passable opinion de son mérite.

Bien qu'il n'eût guère plus de trente ans, il avait déjà essayé de plusieurs métiers sans y trouver l'opulence (qui, selon son avis, lui eût convenu aussi bien qu'à nul autre), et il revenait en Léon avec l'espoir de se faire employer par le comte don Alonzo Mendos, qui possé-

---

(1) 5 fr. 45 c.

dait, entre Toro et Zamora, un magnifique domaine déjà visité par notre docteur. Malheureusement les premières questions qu'il adressa à l'aubergiste lui firent connaître la mort du comte, et il était encore sous le poids de la surprise et du désappointement que lui avait causés cette nouvelle, au moment où s'ouvre notre récit.

— Don Alonzo mort! répétait-il avec stupéfaction.

— Et enterré, ajoutait l'aubergiste; magnifiquement enterré! comme il convenait à un homme de son rang.

— Mais le château est alors occupé par les héritiers?

— Le seul héritier était le neveu du comte, et il a donné ordre à Perrez Cavallos, garde-notes d'Argelles, de mettre en vente le domaine, qui doit être adjugé demain, si je ne me trompe, à un nouveau propriétaire.

José pensa que celui-ci aurait besoin, selon toute apparence, de gens à gages pour régir son nouveau domaine, et qu'il pourrait peut-être lui faire accepter ses services. Il déclara, en conséquence, après un moment de réflexion, qu'il attendrait à la *posada* le jour de l'adjudication.

L'aubergiste l'approuva, en lui assurant qu'il ne pourrait trouver nulle part meilleure cuisine ni meilleur logis; et il appuya son dire en lui faisant remarquer toutes les commodités de la chambre qu'il lui donnait.

Celle-ci était, en effet, d'autant mieux aérée que trois carreaux manquaient à la fenêtre (qui en avait seulement quatre), et l'on jouissait d'une vue de ciel illimitée, le châssis se trouvant placé au haut du toit. Quant à l'ameublement, il ne se composait que d'un bois de lit garni d'une paillasse, d'un escabeau boiteux et d'une table vacillante ; mais les interstices existant entre les différentes pièces de la charpente formaient, comme le fit remarquer l'hôtelier, une multitude de compartiments qui remplaçaient avec avantage les armoires et les bahuts.

La plupart de ces recoins étaient même remplis de chiffons souillés, de vases de terre, de fioles de verre, ou, ce qui surprit davantage don José, de livres et de papiers. L'hôtelier lui avoua que tout lui avait été laissé par un vieux docteur qui avait habité plusieurs mois cette chambre, occupé à étudier, à distiller des plantes et à écrire. Mais quelques indices ayant fait soupçonner qu'il devait être d'origine maure, et les derniers décrets du roi ordonnant expressément l'expulsion de tous les descendants de cette race, il s'était vu forcé de partir subitement et d'abandonner tous ses bagages, c'est-à-dire les fioles, les papiers et les livres.

Resté seul, José Fuez d'Alcantra ne put s'empêcher de penser à la longue série de contrariétés et d'accidents qui avait jusqu'alors entravé sa vie.

— J'ai vainement tout essayé, se dit-il ; le hasard est sans cesse venu traverser mes espérances et m'a fait l'esclave des événements. Ah ! combien est heureux celui qui peut toujours suivre sa fantaisie, dominer les circonstances, et rester roi de sa vie, au lieu de la soumettre à toutes les personnes et à toutes les occasions !

Comme ces réflexions le faisaient tomber dans une sombre tristesse, il chercha à s'en distraire en ouvrant un des livres laissés par le docteur maure ; c'était un exposé du système de la nature, écrit en latin. José parcourut quelques pages, puis choisit un autre volume qui traitait des sciences occultes, et enfin un troisième relatif au grand œuvre.

Le choix de ces livres indiquait clairement que le vieux Maure était un alchimiste, peut-être un nécromancien! car, à cette époque, il n'était point rare de trouver des hommes, surtout en Espagne, qui avaient étudié l'art de se *soumettre les puissances invisibles.*

Rendu curieux par ses premières recherches, Don José passa des livres aux manuscrits. Il en parcourut plusieurs qui paraissaient ne contenir que des instructions générales sur la transmutation des métaux; mais enfin il trouva enfermé dans un étui de plomb un rouleau de parchemin dont les premières lignes le frappèrent : c'étaient des recettes magiques servant à accomplir certains prodiges, tels que de se rendre invisible, de se transformer à volonté, de franchir en un instant les plus grandes distances! enfin il arriva à un paragraphe qui avait pour titre :

Moyen de faire que votre désir devienne loi souveraine et s'accomplisse à l'instant!

Le jeune docteur fit un bond de joie.

— Par la vraie croix! s'écria-t-il, si le moyen réussit, je n'en demande point davantage. Obtenir que *notre désir devienne loi souveraine!* n'est-ce point là le dernier terme de la félicité terrestre? Voyons seulement si l'on peut atteindre ce but sans compromettre son âme.

Il lut la recette indiquée dans le manuscrit et n'y trouva rien de contraire à la foi. Il suffisait, pour acquérir le don promis, de prononcer, avant de s'endormir, certaine prière, et de boire le contenu d'un petit flacon caché au fond de l'étui de plomb.

José chercha ce flacon, le déboucha, et vit qu'il renfermait quelques gouttes d'une liqueur noire et odorante. Il hésite un instant, non qu'il doutât de la puissance de la formule et du philtre, ses opinions à cet égard étaient celles de son époque; mais il voulait être sûr de ne point se tromper. Il relut donc, sur le rouleau, les lignes déjà déchiffrées, et, de plus, le *post-scriptum* qu'il n'avait point remarqué d'abord. Ce *post-scriptum* ne renfermait que ces mots :

« *Notre impuissance est une barrière providentielle opposée par Dieu à notre folie.* »

— Bon, bon, murmura-t-il, le vieux docteur aimait, comme ceux de sa race, à farcir toute chose des lieux communs de morale; mais, pour le moment, je n'ai que faire de ses sentences, et je préfère essayer sa recette.

A ces mots, il porta le flacon à ses lèvres, et prononça la longue formule qui était indiquée. Il l'avait à peine achevée que ses yeux se fermèrent et qu'il s'endormit.

. . . .

Don José ne savait pas depuis combien de temps durait ce sommeil, lorsqu'il lui sembla que le jour pénétrait par sa lucarne. Il se souleva avec effort et demeura quelque temps dans cet état de demi-lucidité qui précède le réveil. Enfin ses idées s'éclaircirent; la vue du rouleau de parchemin et du flacon vide lui rappela ce qui était arrivé la veille; mais comme il ne vit rien de changé, soit en lui, soit autour de lui, il crut que la recette du docteur maure n'avait point agi.

— Allons, dit-il en soupirant, c'était encore une illusion ; je me réveille dans mon grenier avec mon unique pourpoint et ma bourse vide ! Cependant Dieu sait si, en m'endormant, j'ai désiré la trouver remplie !...

Il n'acheva pas : ses regards venaient de rencontrer la poutre à laquelle il avait accroché ses habits et de s'arrêter sur sa bourse de cuir, qui pendait de la poche de son haut-de-chausses, toute gonflée d'écus d'or !

Il se redressa en tressaillant, se frotta les yeux, avança la main pour saisir la bourse et la vida sur son lit !... C'étaient bien des écus d'or !... plus d'écus d'or qu'il n'avait jamais possédé à la fois de maravédis ! Le philtre venait de produire son effet ; il avait désormais le pouvoir de réaliser tous ses désirs !

Voulant faire, à l'instant même, une seconde expérience, il désira que son grenier se transformât en une chambre somptueuse, et ses habits râpés, en un costume tout neuf de velours noir doublé de satin ! Son souhait fut immédiatement accompli. Il demanda ensuite un déjeuner d'archevêque, servi par de petits nègres vêtus de rouge. Le déjeuner couvrit une table subitement apparue, et les petits nègres entrèrent avec les vins et le chocolat ! Il continua ainsi pendant quelque temps à essayer, sous toutes les formes, son nouveau pouvoir. Enfin, lorsqu'il eut acquis la certitude que son désir était bien réellement devenu *loi souveraine*, il s'élança hors de l'auberge dans une ivresse de joie impossible à rendre.

Il était donc vrai que ce rouleau de parchemin l'avait fait, en quelques heures, plus riche que les riches, plus puissant que les puissants! IL POUVAIT CE QU'IL VOULAIT! que de choses comprises dans ces mots, et comme en les répétant il se sentait grandir dans sa propre estime! Qu'étaient auprès de lui, les rois, les empereurs, le pape lui-même! Tous étaient retenus par les règles établies, par les lois du possible; tandis que lui, son domaine n'avait de limite que sa fantaisie! Quel bonheur que le parchemin du docteur maure ne fut point tombé aux mains d'un homme ignorant, avide, emporté par les passions mauvaises, mais entre celles d'un hidalgo raisonnable dans ses souhaits, maître de ses passions, et reçu docteur à l'Université de Salamanque! Aussi l'humanité pouvait se rassurer! Don José Fuez d'Alcantra se respectait trop pour abuser de son pouvoir illimité. En l'accordant, la Providence l'avait estimé ce qu'il valait, et il était bien décidé à la justifier par sa conduite.

Il résolut d'en donner une première preuve en modérant lui-même son ambition. A sa place, tout autre eût désiré être roi, avec un palais, des courtisans, une armée! mais Don José était ennemi des grandeurs. Il décida qu'il se contenterait d'acheter le domaine d'Alonzo Mendos, et de vivre là avec quelques millions, le titre de comte et les priviléges de grand d'Espagne, comme un sincère et modeste philosophe.

Il s'achemina en conséquence, sans retard, vers le village d'Argelles, où la vente du château devait avoir lieu.

La route qu'il avait prise conduisait également à Toro, et elle était couverte de paysannes, de muletiers et de marchands qui s'y rendaient. Tout en avançant, Don José regardait à droite ou à gauche, et faisait, sur chacun, de petites expériences de son pouvoir. A la jeune fille, qui accourait accorte et riante, il souhaitait une heureuse rencontre ; au vieillard marchant à peine, une place dans la voiture qui passait ; au pauvre mendiant, une pièce d'or surgissant tout à coup à ses pieds, et tout s'accomplissait sur-le-champ ! Encouragé par le succès, Don José passait du rôle d'ange gardien à celui d'archange. Après avoir secouru, il voulait faire justice. Ainsi il châtiait le soldat à l'air fanfaron par un coup de vent qui emportait son feutre à la rivière ; le marchand prodigue de coups de fouet, en effarouchant ses mules et les dispersant dans la campagne ; le *titulado*, qui lui semblait regarder trop dédaigneusement les piétons du haut de son carrosse, en brisant brusquement sa roue orgueilleuse! Pour tout cela, Don José obéissait à sa première impression, distribuant la récompense ou le châtiment, selon qu'un *air* venait à lui agréer ou à lui déplaire, et rendant la justice d'inspiration!

Il arriva ainsi en vue du château de Mendos, dont les bois magnifiques bordaient la route. Voulant éviter le soleil qui commençait à devenir plus ardent, il prit une avenue qu'il connaissait, et par laquelle on pouvait également gagner le village.

On se trouvait aux plus beaux jours de l'été ; les haies étaient couvertes de fleurs et la forêt retentissait de mille chants d'oiseaux. Des bûcherons, campés dans des huttes de feuillage, débitaient le bois abattu et le transformaient en différents ustensiles de ménage. Don José décida que lorsque cette terre serait à lui, il régulariserait cette exploitation d'après certaines idées qui lui étaient particulières. Il traça même au crayon, sur le coin de son parchemin, le plan d'un hameau forestier qui devait unir l'aisance au pittoresque. En atteignant les prairies, il trouva également que les irrigations pourraient être mieux entendues, et calcula l'augmentation qui devait en résulter. Il fut plus content des vignes, à l'occasion desquelles il se rappela un grand nombre de vers d'Horace et de passages des Écritures saintes, qui conduisirent naturellement à ce problème fort controversé, de savoir si le premier vin fabriqué par Noé était blanc ou rouge. Quant aux champs de grains, il décida qu'il les transformerait en pâturages pour les troupeaux, et qu'il défricherait des bruyères pour en faire des champs de grains.

Il en était là de ses projets de nouveau propriétaire, lorsqu'une voix brève et impérieuse lui demanda qui lui avait permis de traverser le domaine de Mendos.

Il se détourna et aperçut un jeune homme dont le costume annonçait le rang élevé. Il montait un cheval andalous merveilleusement beau et richement équipé.

Don José ayant mis à l'examiner le temps qu'il eût fallu employer à lui répondre, le jeune seigneur répéta sa question d'un accent d'impatience. Le docteur de Salamanque sourit de cet air placide et confiant que donne la puissance.

— Est-il donc besoin de permission pour visiter un domaine sans maître? demanda-t-il.

— Qui vous a dit que celui-ci n'en eût pas? répliqua le cavalier.

— Ceux qui m'ont appris que Perez, garde-notes à Argelles, était chargé de le vendre aujourd'hui même.

— Alors, vous le visitez comme acheteur?

— Comme acheteur.

— Et savez-vous ce qu'on en demande?

— Je compte m'en informer tout à l'heure.

— L'estimation a été de quatre cent mille écus d'or.

— Le domaine vaut davantage.

Le gentilhomme éclata de rire.

— Sur mon âme! voilà un acquéreur opulent! s'écria-t-il d'un ton railleur, et qui voyage bien modestement pour sa fortune.

— J'ai l'habitude d'aller à pied, répondit don José avec une bonhomie princière.

— C'est trop d'humilité, reprit le jeune homme, et votre seigneurie serait, en vérité, plus commodément sur mon alezan.

— Le pensez-vous? demanda don José, pris d'une subite fantaisie.

— Tellement que je suis tenté de mettre pied à terre pour vous offrir ma monture, continua le cavalier de plus en plus railleur.

— Il est facile de vous satisfaire, reprit le docteur; et puisqu'il en est ainsi, je *désire* que vous soyez à terre.

A l'instant même l'alezan se cabra et jeta brusquement le jeune seigneur sur l'herbe.

— Vous avez effrayé mon cheval! s'écria celui-ci en se relevant pâle de colère.

8.

— J'ai aidé à l'accomplissement de vos intentions, répliqua don José, qui avait pris la bride de l'alezan et se préparait à le monter.

Le jeune homme s'avança vers lui le fouet levé.

— Arrière! drôle! ou je te coupe le visage! s'écria-t-il hors de lui.

Le sang monta au front de don José.

— Le señor oublie qu'il parle à un hidalgo, dit-il fièrement, et que je porte comme lui une épée.

— Alors, voyons comment tu sais t'en servir, reprit le cavalier, qui dégaina la sienne et s'avança sur le docteur.

En toute autre occasion, ce dernier eût essayé les moyens de conciliation; mais la menace du jeune étranger avait remué sa bile, et la certitude de n'avoir rien à craindre lui donna un courage inaccoutumé. Il pensa, d'ailleurs, que son adversaire avait besoin d'une leçon, et lui *désira* une blessure susceptible de le faire réfléchir sur les inconvénients de l'emportement. Ce désir fut immédiatement suivi de son effet; le jeune seigneur laissa tomber son épée en jetant une exclamation de douleur et de dépit. Don José, qui était sûr d'avoir désiré la blessure légère, ne s'en inquiéta point davantage, et voulant compléter la leçon en jouant jusqu'au bout son rôle, s'excusa gravement près du cavalier de ce qui était arrivé, ajouta qu'il ne lui en gardait nulle rancune, et que, pour le lui prouver, il acceptait son offre précédente.

En parlant ainsi, il enfourcha l'alezan, salua le gentilhomme, et prit, au trot, le chemin du village.

Ce qui venait de se passer avait ajouté une petite pointe de fatuité à la bonne opinion que don José avait de lui-même. Il avait mystifié et blessé un homme ; il était également content de sa bravoure et de son esprit. Il savait maintenant, d'une manière certaine, que rien ne pouvait faire obstacle à sa volonté ; qu'il lui était permis de briser toute opposition, d'humilier tout orgueil, et il était déjà tellement habitué à cette pensée, qu'il ne s'en étonnait plus. La seule chose qui l'étonnât était l'idée de résistance chez les autres. Il ne pouvait la supporter ; il la regardait comme une révolte contre des droits légitimes ! aussi, en traversant le village, faillit-il assommer un muletier qui ne se rangeait point assez vite. L'instinct de tyrannie grandissait dans cette âme comme une marée montante.

Il se présenta chez l'homme d'affaires chargé de la vente du château, bien moins en acquéreur qui s'informe des conditions, qu'en maître qui vient prendre possession de ce qui lui appartient. Malheureusement Perez lui déclara, dès les premiers mots, que le château de Mendos n'était plus à vendre.

On devine le désappointement du docteur. Ce domaine pour lequel il avait d'avance médité tant d'améliorations, combiné tant de changements, lui échapperait subitement ! Il en serait pour ses frais d'imagination et pour ses réminiscences d'Horace, lui, l'homme dont *la volonté devenait loi souveraine !* C'était impossible ! l'idée seule d'une pareille opposition à ses désirs l'indigna, et ce fut avec une hauteur presque irritée qu'il demanda au garde-notes pourquoi le domaine n'était plus à vendre.

— Parce que don Henriquez, le neveu de M. le comte, vient de faire deux héritages, répondit celui-ci, et que le rétablissement de sa fortune l'a décidé à garder la terre de Mendos.

— Quoi! reprit don José, quel que soit le prix qu'on lui offre...

— Il refusera.

— Vous êtes sûr?

— Lui-même me le disait encore ce matin.

— Il est donc ici?

— Il vient de partir à cheval pour le château.

Don José comprit que c'était son cavalier inconnu, et ne put retenir une exclamation. L'homme d'affaires y répondit par quelques compliments de condoléance auxquels il ajouta que don Henriquez tenait surtout à conserver le château pour profiter de la prochaine chasse d'automne.

— Parbleu! pensa don José avec humeur, *j'aurais dû le blesser assez grièvement pour qu'il perdît l'espoir d'en jouir.*

Et il ajouta tout haut qu'un tel motif ne pouvait empêcher don Henriquez d'accepter certaines propositions.

— La terre lui plaît, fit observer le garde-notes, et je dois dire qu'elle réunit pour cela tous les avantages. D'abord, une position admirable!...

— Je la connais, répondit don José brusquement.

— Des bois, des champs, des jardins...

— Je les ai vus, interrompit de nouveau le docteur dont cette description augmentait la convoitise.

— A la bonne heure, reprit Perez; mais ce que le señor

n'a point vu peut-être, c'est l'intérieur du château depuis les embellissements effectués par feu M. le comte. Il y a d'abord une galerie de tableaux peints par nos meilleurs maîtres.

— Des tableaux! répéta don José; j'ai toujours adoré les tableaux..., quoique je préfère encore les statues...

— Le château en est peuplé.

— Il serait possible!

— Sans parler d'une bibliothèque...

— Il y a une bibliothèque! s'écria le docteur.

— De trente mille volumes!

Don José fit un geste de désespoir.

— Et un pareil trésor serait perdu! reprit-il; cet arsenal de la science resterait aux mains d'un ignorant! car ce don Henriquez doit être un ignorant.

Le garde-notes plia les épaules.

— Eh! eh! dit-il en baissant la voix, sa seigneurie sait ce que c'est qu'un jeune homme de noble famille, riche et ami du plaisir.

— J'en étais sûr, interrompit José, c'est un mauvais sujet!

— Il a du bon, beaucoup de bon. Il est seulement un peu vif, ce qui lui a fait avoir déjà plusieurs affaires avec d'autres gentilshommes.

— C'est cela! un querelleur, un duelliste, continua le docteur; j'aurais dû m'en douter!

Et il ajouta plus bas:

— Et surtout lui ôter les moyens de continuer, en le privant de la main qui tient l'épée! c'était justice.

— L'âge corrigera ces emportements, reprit Perez, et

aussi, je l'espère, l'humeur prodigue de sa seigneurie. Malgré sa richesse, elle est toujours au dépourvu ; elle a déjà exigé des fermiers de son oncle tous les arrérages.

— Et ils ont payé?

— A grand'peine, car les dernières récoltes ont été mauvaises.

— Mais c'est de la cruauté! s'écria don José, sincèrement indigné. Quoi! presser de pauvres gens qui manquent de tout, quand on a une fortune de prince, un château avec des tableaux, des statues, une bibliothèque de trente mille volumes! Mais un pareil homme est un véritable fléau, et *il serait à désirer*, dans l'intérêt de tout le monde, qu'on en délivrât l'Espagne...

Il fut interrompu par un bruit de pas et de voix retentissant sur l'escalier, et par l'apparition d'un serviteur qui se précipita dans la chambre tout effaré.

— Qu'y a-t-il? demanda le garde-notes.

— Un malheur! un grand malheur! s'écria le domestique; don Henriquez vient de se battre!

— Encore!

— Et il a été blessé.

— Dangereusement?

— Non; mais comme il a voulu poursuivre son adversaire qui s'échappait sur son cheval, il s'est laissé choir de manière à aggraver sa blessure, et il s'est évanoui sur la route.

— Et c'est là qu'on vient de le retrouver?

— C'est-à-dire qu'un voiturier qui passait sans le voir l'a arraché à sa défaillance en lui écrasant la main droite.

— Dieu!

— On l'a pourtant relevé pour le conduire ici.

— Alors il est sauvé.

— Hélas! en passant tout à l'heure dans la cour, sous l'échafaudage des maçons, une pierre s'est détachée et vient de le frapper mortellement.

Don José recula comme un homme subitement éclairé d'une affreuse lumière. Tout ce qui venait d'arriver était son ouvrage. Il avait d'abord souhaité à don Henriquez une blessure plus grave qui lui rendît la chasse impossible; puis la perte de la main qui tenait l'épée, puis la mort, dans l'intérêt de tous; et trois accidents successifs avaient immédiatement répondu à ses trois vœux! Ainsi, après avoir torturé et estropié un homme, il venait de le tuer! Cette pensée lui traversa le cœur comme un trait. Il voulut la repousser en criant que c'était impossible; mais, dans ce moment même, la porte s'ouvrit, et quatre valets parurent, soutenant le cadavre immobile et sanglant du jeune seigneur!

Don José ne put supporter ce spectacle; une révolution violente s'opéra en lui : tout ce qui l'entourait disparut...

...Et il se retrouva sur sa paillasse, dans le grenier de l'auberge, en face de la fenêtre par laquelle commençaient à glisser les rayons du soleil.

Le premier sentiment du docteur de Salamanque fut la joie d'avoir échappé à son horrible vision; puis le souvenir de ce qui s'était passé la veille lui revint, et il comprit tout.

La potion prise sur la foi du docteur maure était un

de ces narcotiques puissants qui, en exaltant nos facultés pendant le sommeil, transforment en songes les préoccupations habituelles de notre esprit; tout ce qu'il avait pris pour une réalité n'était qu'un rêve!

Don José y réfléchit longtemps en silence; puis reprenant le rouleau de parchemin qui était resté à son chevet, il le parcourut de nouveau, s'arrêta à la sentence qu'il avait dédaignée la veille, la relut plusieurs fois, et secouant enfin la tête d'un air pénétré:

— Ceci est une leçon salutaire, dit-il, et dont je profiterai si je suis sage. J'avais cru que, pour être heureux, il suffisait de *pouvoir ce qu'on voulait*, sans songer que la volonté de l'homme, quand elle n'a plus de frein, passe de l'orgueil à l'extravagance, de l'extravagance à la tyrannie, et de la tyrannie à la cruauté. Hélas! le docteur maure avait raison: *Notre impuissance est une barrière providentielle opposée par Dieu à notre folie.*

Ce rêve profita assez à don José (devenu José tout court) pour lui faire accepter dans la suite plus patiemment son humble fortune, et il mourut longtemps après, second majordome du château dont il avait espéré un instant devenir le seigneur.

SEPTIÈME RÉCIT

LE TRÉSOR

Une jeune fille et un vieillard étaient assis dans une petite mansarde dont l'ameublement plus que modeste, mais soigneusement entretenu, accusait les efforts d'une indigence qui ne s'est point abandonnée elle-même. L'ordre, le goût et la propreté donnaient au pauvre intérieur une sorte d'élégance. Chaque objet était rangé à sa place ; les briques du parquet étaient lavées avec soin, la tapisserie fanée était pure de toute souillure, et la fenêtre garnie de petits rideaux de grosse mousseline sur laquelle de nombreuses reprises formaient une sorte de broderie. Quelques pots de fleurs communes ornaient le devant de cette fenêtre entr'ouverte, et parfumaient la mansarde de leurs douces senteurs.

Le soleil allait se coucher : une lueur pourprée illuminait l'humble demeure, effleurant le charmant visage de la jeune fille, et se jouant dans les cheveux blancs du vieillard.

Celui-ci se tenait à demi renversé dans un fauteuil de jonc qu'une industrieuse sollicitude avait garni de coussins bourrés d'étoupes et recouverts d'indienne dépareillée. Une vieille chaufferette transformée en tabouret soutenait ses pieds mutilés, et le seul bras qui lui restât était appuyé sur un petit guéridon où l'on apercevait une pipe d'écume de mer et un sac à tabac brodé en perles coloriées.

Le vieux soldat avait un de ces visages hardis et sillonnés, dont la franchise tempère la rudesse. Une moustache grise voilait le demi-sourire qui entr'ouvrait ses lèvres, tandis que son regard restait comme oublié sur la jeune fille.

Cette dernière pouvait avoir vingt ans; c'était une brune aux traits caressants mais mobiles, dont les sentiments se traduisaient par des expressions subites et rapides. Son visage limpide ressemblait à ces belles eaux qui laissent voir jusqu'au fond tout ce qu'elles renferment.

Elle tenait à la main un journal et faisait la lecture

au vieil invalide; tout à coup elle s'interrompit et prêta l'oreille.

— Qu'y a-t-il? demanda le vieillard.

— Rien! répliqua la jeune fille, dont le visage exprima le désappointement.

— Tu as cru entendre Charles? reprit le soldat.

— Il est vrai, dit la lectrice en rougissant un peu; sa journée doit être finie, et c'est l'heure où il rentre...

— Quand il rentre, acheva Vincent d'un ton chagrin.

Suzanne ouvrit les lèvres pour justifier son cousin; mais son jugement protesta sans doute contre cette intention, car elle s'arrêta embarrassée, puis tomba dans la rêverie.

L'invalide passa la main qui lui restait sur sa moustache, et se mit à la tordre avec impatience; c'était son geste habituel dans ses accès de mécontentement.

— Notre conscrit bat une mauvaise marche, reprit-il enfin; il revient ici maussade; il se dérange de son travail pour courir les guinguettes et les fêtes de barrières; tout cela finira mal pour lui et pour nous.

— Ne dites pas cela, mon oncle, vous lui porteriez malheur, reprit la jeune fille d'un ton pénétré. C'est un mauvais moment à passer, j'espère. Depuis quelque temps mon cousin s'est fait des idées!... Il n'a plus de courage au travail...

— Et pourquoi cela?

— Parce qu'il n'a rien, dit-il, à en attendre. Il croit tous les efforts de l'ouvrier inutiles pour son avenir, et assure que le mieux est de vivre au jour le jour, sans prévoyance et sans espoir.

— Ah! c'est là son système? reprit le vieillard dont le front s'était plissé; eh bien! il n'a pas l'honneur de l'avoir inventé. Nous avions aussi au régiment des raisonneurs qui s'exemptaient de partir, sous prétexte que la route était trop longue, et qui traînaient dans les dépôts, tandis que leurs compagnies entraient à Madrid, à Berlin et à Vienne. Ton cousin, vois-tu, ne sait pas qu'à force de mettre un pied devant l'autre les plus petites jambes peuvent faire le voyage de Rome.

— Ah! si vous lui faisiez comprendre cela! dit Suzanne, avec une ardeur inquiète. J'ai bien essayé de le convertir en comptant ce qu'un bon relieur comme lui pouvait économiser; mais quand j'arrivais à la somme, il haussait les épaules et disait que les femmes n'entendent rien au calcul.

— Et alors, toi, tu te désespérais, pauvre fille, continua Vincent avec un sourire attendri; je vois maintenant pourquoi tu as si souvent les yeux rouges...

— Mon oncle, je vous assure...

— Ce qui fait que tu oublies d'arroser tes giroflées, et que tu ne chantes plus.

— Mon oncle...

Suzanne, confuse, tenait les yeux baissés et roulait le coin du journal. L'invalide posa la main sur sa tête nue.

— Allons, ne va-t-elle pas croire que je la gronde? reprit-il d'un ton de brusquerie amicale; n'est-il pas tout simple que tu t'intéresses à Charles, qui est maintenant ton cousin, et qui un jour, j'espère...

La jeune fille fit un mouvement.

— Eh bien! non, ne parlons plus de ça, dit l'invalide en s'interrompant; j'oublie toujours qu'avec vous autres il faut ignorer ce que l'on sait! N'en parlons plus, te dis-je, et revenons à ce vaurien pour lequel tu as de l'amitié... C'est le mot reçu, n'est-ce pas... et qui en a également pour toi.

Suzanne secoua la tête.

— C'est-à-dire qu'il en avait autrefois, dit-elle; mais depuis quelque temps... si vous saviez comme il est froid, comme il a l'air ennuyé.

— Oui, reprit Vincent pensif; quand on a goûté aux amusements qui font du bruit, les plaisirs du ménage paraissent fades; c'est comme un petit vin du cru après le schnick; on connait ça, ma fille; beaucoup d'entre nous ont passé par là!

— Mais ils se sont guéris, fit observer Suzanne; ainsi Charles peut guérir également. Il suffira peut-être que vous lui parliez mon oncle...

Le vieillard fit un geste d'incrédulité.

— Ces infirmités-là ne se traitent point par des paroles, répliqua-t-il, mais par des actes; on n'improvise pas plus un homme raisonnable qu'un bon soldat : il faut de l'expérience, l'épreuve de la fatigue et le baptême du canon! Ton cousin, vois-tu, manque de volonté, parce qu'il ne voit point de but; il faudrait lui en montrer un qui lui refit le courage; mais ce n'est point une petite affaire. J'y penserai.

— Cette fois, c'est bien lui! interrompit la jeune fille qui avait reconnu, dans l'escalier, le pas précipité de son cousin.

— Alors, silence dans les rangs ! dit l'invalide ; n'ayons pas l'air de songer au particulier, et reprends ta lecture.

Suzanne obéit, mais le tremblement de sa voix aurait facilement révélé son émotion à un observateur attentif. Tandis que ses yeux suivaient les lignes imprimées, et que sa bouche prononçait machinalement les mots, son oreille et sa pensée étaient tout entières à son cousin, qui venait d'ouvrir la porte et qui avait déposé sa casquette sur la table placée au milieu de la mansarde.

Autorisé au silence par la non-interruption de la lecture, le jeune ouvrier ne salua ni son oncle ni sa cousine, et, s'approchant de la fenêtre, il s'y appuya, les deux bras croisés.

Suzanne continua sans comprendre ce qu'elle disait.

Elle en était à cette mosaïque de nouvelles séparées et souvent contradictoires, groupées sous le titre commun de *faits divers*. Charles, qui avait d'abord paru distrait, finit par prêter attention comme malgré lui. La jeune fille, après plusieurs annonces de vols, d'incendies et d'accidents, arriva à l'article suivant :

« Un pauvre colporteur de Besançon, nommé Pierre
» Lefèvre, voulant, à tout prix, faire fortune, conçut la
» pensée de partir pour l'Inde, qu'il avait entendu citer
» comme le pays de l'or et des diamants. Il vendit donc
» le peu qu'il possédait, gagna Bordeaux et s'embarqua
» en qualité d'aide de cuisine sur un navire américain.
» Dix-huit ans s'écoulèrent sans qu'on eût entendu par-
» ler de Pierre Lefèvre ; enfin ses parents viennent de
» recevoir une lettre qui annonce son prochain retour ;
» elle leur fait savoir que l'ex-colporteur, après des fati-

» gues inexprimables et des retours de fortune inouïs,
» arrive en France borgne et manchot, mais propriétaire
» d'une fortune que l'on évalue à deux millions. »

Charles, qui avait écouté l'article avec une attention croissante, ne put retenir une exclamation.

— Deux millions ! répéta-t-il émerveillé.

— Ça pourra lui servir à acheter un œil de verre et un bras mécanique, fit observer le vieux soldat ironiquement.

— En voilà du bonheur ! reprit l'ouvrier qui n'avait point écouté la réflexion de son oncle.

— Et qu'il ne s'est pas procuré à crédit, ajouta l'invalide.

— Dix-huit années de *fatigues inexprimables !* répéta Suzanne en appuyant sur les expressions du journal.

— Qu'importe, quand il y a la fortune au bout? répliqua Charles avec vivacité ; ce qui est difficile, ce n'est ni d'entreprendre une mauvaise route, ni de supporter le mauvais temps pour atteindre un bon gîte, mais de marcher pour n'arriver nulle part.

— Ainsi, reprit la jeune fille dont les regards s'étaient levés timidement sur son cousin, ainsi vous enviez le sort du colporteur ; vous donneriez toutes vos années de jeunesse, un de vos yeux, une de vos mains...

— Pour deux millions, interrompit Charles ; très-certainement ! Vous n'avez qu'à me trouver un acheteur à ce prix, Suzanne, et je vous assure une dot pour épingles.

La jeune fille détourna la tête sans répondre ; son cœur s'était serré et une larme gonfla ses paupières. Vincent se tut également ; mais il s'était remis à tordre sa moustache d'un air morose.

Il y eut un long silence : chacun des trois acteurs de cette scène poursuivait en lui-même sa pensée.

Le bruit de l'horloge qui sonnait huit heures arracha Suzanne à sa préoccupation. Elle se leva vivement et se mit à préparer le couvert pour le repas du soir.

Il fut triste et court. Charles, qui avait passé le dernier tiers de la journée à la guinguette avec ses amis, ne voulut rien manger, et Suzanne avait perdu l'appétit. Vincent fit seul honneur au frugal souper ; car les épreuves de la guerre l'avaient accoutumé à maintenir les privilèges de l'estomac au milieu de toutes les émotions ; mais il fut vite rassasié, et regagna son fauteuil bourré, près de la fenêtre.

Après avoir tout rangé, Suzanne, qui éprouvait l besoin d'être seule, prit une lumière, embrassa l'invalide et se retira dans le petit cabinet qu'elle occupait au-dessus. Vincent et le jeune ouvrier se trouvèrent tête à tête.

Celui-ci allait également souhaiter le bonsoir à son oncle, lorsque le vieux soldat lui fit signe de tirer le verrou de la porte et de s'approcher.

— J'ai à te parler, lui dit-il sérieusement.

Charles, qui prévoyait des reproches, demeura debout devant le vieillard ; mais ce dernier lui fit signe de s'asseoir.

— As-tu bien pensé à tes paroles de tout à l'heure, dit-il, en regardant fixement son neveu ? serais-tu véritablement capable d'un long effort pour arriver à la fortune ?

— Moi ! en pouvez-vous douter, mon oncle? répondit Charles, surpris de la question.

— Ainsi tu consentirais à prendre patience, à travailler sans interruption, à changer tes habitudes?

— Si cela pouvait me profiter à quelque chose... Mais pourquoi une pareille demande?

— Tu vas le savoir, dit l'invalide qui ouvrit le tiroir d'une petite commode, dans lequel il serrait les vieux journaux prêtés par un des locataires.

Il chercha quelque temps parmi les feuilles imprimées, en prit une, l'ouvrit, et montra à Charles un article marqué avec l'ongle.

Le jeune ouvrier lut à demi-voix.

« Des démarches viennent d'être faites près du gou-
» vernement espagnol, au sujet d'un dépôt enfoui sur
» les bords du Duero, après la bataille de Salamanque.
» Il paraîtrait que pendant cette fameuse retraite une
» compagnie appartenant à la première division, et qui
» était chargée de la garde de plusieurs caissons, fut sé-
» parée du corps d'armée et cernée par un parti telle-
» ment supérieur, que tout essai de résistance devenait
» impossible. L'officier qui la commandait, voyant qu'il
» n'y avait plus aucun espoir de se faire jour à travers
» les ennemis, profita de la nuit pour faire enfouir les
» caissons par quelques-uns des soldats en qui il avait
» le plus de confiance ; puis, sûr que personne ne pour-
» rait les découvrir, il ordonna à sa petite troupe de se
» disperser, afin que chacun tentât de s'échapper isolé-
» ment à travers les lignes ennemies. Quelques-uns réus-
» sirent, en effet, à regagner la division ; mais l'officier

9.

» et les hommes qui connaissaient le lieu où les caissons
» avaient été enterrés périrent tous dans cette fuite.

» Or, on assure que ces caissons renfermaient l'argent
» du corps d'armée, c'est-à-dire une somme d'environ
» trois millions. »

Charles s'arrêta et regarda l'invalide, les yeux étincelants.

— Auriez-vous fait partie de cette compagnie? s'écria-t-il.

— J'en faisais partie, répliqua Vincent.

— Vous connaissez l'existence de ce dépôt?

— J'étais un de ceux que le capitaine chargea de le faire, et le seul d'entre eux qui ait échappé aux balles de l'ennemi.

— Alors vous pourriez donner des indications, aider à le retrouver ? reprit Charles plus vivement.

— D'autant plus facilement, que le capitaine nous avait fait prendre pour point de reconnaissance l'alignement de deux collines et d'un rocher ; je reconnaîtrais l'endroit aussi sûrement que la place du lit dans cette chambre.

Charles se leva d'un bond.

— Mais alors votre fortune est faite, s'écria-t-il avec exaltation ; pourquoi n'avoir point parlé ? le gouvernement français eût accepté toutes vos propositions.

— Peut-être, dit Vincent ; mais en tout cas elles auraient été inutiles.

— Comment ?

— L'Espagne a refusé l'autorisation sollicitée ; vois plutôt.

Il tendait au jeune ouvrier un second journal qui annonçait, en effet, que la demande relative à la recherche du dépôt enfoui par les Français, en 1812, sur les bords du Duero, avait été rejetée par le gouvernement de Madrid.

— Mais quel besoin de permission? objecta Charles; où est la nécessité de tenter officiellement une recherche que l'on peut faire sans éclat et sans bruit? Une fois sur les lieux, et le terrain acheté, qui empêcherait de le fouiller, qui soupçonnerait la découverte?

— J'y ai pensé bien des fois depuis trente ans, reprit le soldat; mais où prendre la somme nécessaire pour le voyage et l'achat?

— Ne peut-on s'adresser à de plus riches que nous, les mettre dans le secret?

— Mais le moyen de les faire croire, ou de prévenir un abus de confiance dans le cas où ils auraient cru? et si le hasard empêche la réussite! S'il arrive, comme dans la fable que tu lisais l'autre jour à ta cousine, qu'au moment du partage le lion garde la proie entière! Il faudra donc, outre la fatigue du voyage et les incertitudes du succès, braver les tourments d'un procès! A quoi bon? dis-moi. Ce qu'il me reste de temps à vivre mérite-t-il tant de soucis? Au diable les millions qu'il faut aller chercher! J'ai deux cents francs de retraite; grâce à la petite, cela suffit, avec ma croix, pour la ration quotidienne et le tabac; je me moque du reste comme d'un peloton de Cosaques.

— Ainsi vous laisserez échapper cette occasion, reprit Charles avec une animation fébrile; vous refuserez la richesse?

— Pour moi, parfaitement, répliqua le vieillard; mais pour toi, c'est autre chose. J'ai vu tout à l'heure que tu étais ambitieux, que rien ne te coûterait pour passer dans la compagnie des millionnaires ; eh bien ! ramasse la somme nécessaire à notre voyage, et je pars avec toi.

— Se peut-il ? vous !

— Gagne deux mille francs ; à ce prix je te donne un trésor ; ça va-t-il ?

— Ça va, mon oncle ! s'écria Charles avec exaltation. Puis, se reprenant, il ajouta effrayé.

— Mais comment réunir tant d'argent ? Je ne pourrai jamais.

— Travaille avec courage et apporte-moi régulièrement ta paye de chaque semaine, je te promets que tu arriveras.

— Songez, mon oncle, que les économies d'un ouvrier sont peu de chose !

— Ça me regarde.

— Combien faudra-t-il d'années ?

— Tu en offrais tout à l'heure dix-huit, avec un œil et un bras pour appoint.

— Ah ! si j'étais sûr !

— D'acquérir un trésor ? Je te le jure sur les cendres du petit Caporal.

C'était le grand serment du soldat ; Charles dut regarder la chose comme sérieuse. Vincent l'encouragea de nouveau en répétant qu'il avait son avenir en main, et le jeune homme se coucha résolu à tous les efforts.

Mais la confidence de son oncle avait éveillé chez lui de trop magnifiques espérances pour qu'il pût dormir. Il passa la nuit dans une sorte de fièvre, calculant les moyens de gagner plus tôt la somme dont il avait besoin, réglant l'emploi de sa richesse future, et traversant l'une après l'autre, comme des réalités, toutes les chimères qu'il s'était plu jusqu'alors à rêver.

Lorsque Suzanne descendit le lendemain, il était déjà parti pour son travail.

Vincent, qui vit l'étonnement de la jeune fille, hocha la tête en souriant, mais ne dit rien; il avait recommandé le secret au jeune ouvrier, et voulait le garder lui-même. Il fallait voir, d'ailleurs, ce que Charles mettrait de persistance dans ses nouvelles résolutions.

Les premiers mois furent les plus pénibles. Le jeune relieur avait pris des habitudes avec lesquelles il s'efforçait en vain de rompre; la continuité du travail lui était insupportable. Il fallait renoncer à cette mobilité capricieuse qui jusqu'alors avait seule réglé ses actions, surmonter la fatigue et le dégoût, résister aux instances de ses anciens amis de plaisir ! Ce fut d'abord une tâche difficile. Bien des fois son courage faiblit; il fut sur le point de retomber dans ses anciens désordes; mais l'importance du but à atteindre le ranimait. En apportant à l'invalide sa paye, qui augmentait de semaine en semaine, il éprouvait toujours comme un redoublement d'espérance qui retrempait son courage; c'était un pas bien petit vers le but, mais c'était un pas !

Chaque jour, d'ailleurs, l'effort devenait plus aisé. L'homme ressemble à un vaisseau dont les passions sont les voiles ! livrez-les aux vents du monde, et l'homme se précipitera, emporté à travers tous les courants et tous les récifs : mais faites les carguer par le bon sens, la navigation deviendra moins dangereuse; jetez enfin à la place choisie l'ancre de l'habitude, et vous n'aurez plus rien à craindre.

Ainsi arriva-t-il au jeune ouvrier. A mesure que sa vie devenait plus régulière, ses goûts prenaient une nouvelle direction. L'assiduité au travail pendant tout le jour lui rendait le repos du soir plus doux ; l'abandon des compagnies bruyantes donnait un charme tout nouveau à celle de son oncle et de sa cousine. Cette dernière avait repris sa familiarité amicale. Uniquement occupée de Vincent et de Charles, elle réussissait à transformer chaque réunion en fête, dont son cœur faisait tous les frais. C'était, chaque jour, quelque nouvelle suprise, quelque charmante attention qui resserrait l'affection par les liens de l'attendrissement et de la joie. Charles était tout étonné de trouver à sa cousine des qualités et des grâces qu'il n'avait jamais pris le temps de remarquer. Elle lui devenait insensiblement plus nécessaire. Sans qu'il y prît garde, le but de sa vie se déplaçait ; l'espoir du trésor promis par Vincent n'était plus son seul mobile ; à chaque action il pensait à Suzanne ; il voulait mériter son approbation, lui devenir plus cher. L'âme humaine est une sorte de daguerréctype moral ; entourez-la d'images d'ordre, de dévouement, de courage ; illuminez-la par le soleil de la tendresse, chaque image se décalquera d'elle-même et restera à jamais imprimée. La vie que menait Charles éteignait, peu à peu, ses ardentes ambitions ; il voyait le bonheur plus simple, plus prochain ; son paradis n'était plus une féerie des *Mille et une Nuits*, mais un petit espace peuplé d'attachements qu'il pouvait enfermer dans ses deux bras.

Tout cela s'était fait pourtant sans qu'il se l'expliquât, sans qu'il y prît garde. Le jeune ouvrier se laissait aller au courant de sa nature, sans chercher à étudier chaque flot qui le portait en arrière ou en avant. Sa transformation, visible pour ceux qui vivaient avec lui, était restée un secret pour lui-même ; il ne se savait point changé, il se sentait seulement plus tranquille, plus heureux. La seule nouveauté qu'il aperçût dans ses sentiments était son amour pour Suzanne ; désormais il la mêlait à tous ses projets, et ne pouvait voir la vie qu'avec elle.

Cet élément de bonheur, introduit dans son avenir, avait modifié tous les autres. Les millions, au lieu d'être l'objet principal, n'étaient plus que des moyens, il les regardait comme une addition importante, mais accessoire à ses espérances ; aussi voulut-il savoir avec certitude si son amour était partagé.

Il se promenait un soir dans la petite mansarde, pendant que Vincent et sa cousine causaient près du poêle. Tous deux parlaient du premier maître de Charles, qui, après trente années d'une vie honnête et laborieuse, venait de mettre en vente son fonds de relieur, afin de se retirer en province avec sa vieille femme.

— En voilà deux époux qui ont su faire leur paradis sur terre, disait le vieux soldat ; toujours d'accord, toujours de bonne humeur, toujours au travail !

— Oui, répondit Suzanne avec conviction ; les plus riches peuvent envier leur sort.

Charles, qui était arrivé devant la jeune fille, s'arrêta brusquement.

— Ainsi vous voulez que votre mari vous aime, Suzanne? demanda-t-il en la regardant.

— Mais certainement... si je puis..., répondit la jeune fille, qui sourit et rougit un peu.

— Vous le pouvez, reprit Charles plus vivement, et, pour cela, vous n'avez qu'à dire un mot.

— Quel mot, mon cousin? bégaya Suzanne plus troublée.

— Que vous consentez à devenir ma femme! répliqua le jeune ouvrier.

Et comme il vit le mouvement de suprise et de confusion de sa cousine :

— Oh! ne vous troublez pas pour cela, Suzanne, continua-t-il avec une tendresse respectueuse ; il y a déjà longtemps que je voulais vous faire cette question... J'attendais toujours, pour un motif que mon oncle connaît : mais vous voyez que cela m'est sorti du cœur malgré moi... Et maintenant, soyez franche comme moi ; ne cachez rien de ce que vous sentez en vous-même ; l'oncle est là qui nous écoute, et qui nous reprendra si nous disons mal.

Le jeune homme s'était approché de sa cousine, dont il tenait une main pressée dans les siennes ; sa voix était tremblante, ses yeux mouillés. Suzanne, palpitante de joie, restait le front baissé, et le vieux soldat les regardait tous deux avec un sourire demi-attendri, demi-narquois.

Enfin il prit la jeune fille, et la poussant doucement vers Charles :

— Allons, parle donc, sournoise! dit-il gaiement.

— Suzanne, un mot, un seul mot, de grâce ! reprit

l'ouvrier, qui continuait à tenir la main de sa cousine : voulez-vous m'accepter pour mari?..

Elle cacha son visage sur l'épaule du jeune homme avec un *oui* inarticulé.

— Eh! allons donc! cria Vincent, en frappant sur ses genoux; cela a bien de la peine à sortir... Vos mains, voyons, vos mains, et qu'on m'embrasse. Je vous laisse ce soir pour les confidences : demain nous parlerons d'affaires.

Dès le lendemain, en effet, il prit son neveu à part, lui annonça que la somme nécessaire à leur voyage était complète, et qu'ils pouvaient maintenant partir pour l'Espagne quand ils le voudraient.

Cette nouvelle, qui eût dû ravir Charles, lui causa un saisissement douloureux. Il fallait donc quitter Suzanne au moment même où ils commençaient à échanger les confidences de leur affection; courir toutes les chances d'un voyage long, difficile, incertain, quand il eût été si doux de rester! Le jeune homme maudit presque les millions qu'il fallait aller chercher si loin. Depuis que l'intérêt de sa vie avait changé, ses désirs de richesse s'étaient singulièrement amortis. A quoi bon désormais tant d'or pour acheter le bonheur? il l'avait trouvé!

Cependant il ne dit rien à son oncle, et déclara qu'il était prêt.

Le vieux soldat se chargea des préparatifs; il sortit pour cela plusieurs jours de suite, en compagnie de Suzanne; enfin il annonça à Charles qu'il ne restait plus qu'à arrêter leurs places. La jeune fille étant absente, il pria son neveu de le suivre pour ce dernier objet, et, comme les fatigues éprouvées depuis quelques jours avaient rendu ses blessures douloureuses, il monta en fiacre avec lui.

Vincent avait eu soin de se procurer, dans une de ses sorties, les journaux qui avaient parlé du fameux dépôt fait aux bords du Duero ; lorsqu'il se trouva seul avec Charles, il les lui remit, en le priant de vérifier s'ils ne renfermaient aucun renseignement qui pût leur être de quelque utilité.

Le jeune homme vit d'abord les détails qu'il connaissait déjà, puis l'annonce du refus du gouvernement espagnol, enfin, des explications sur quelques recherches infructueuses essayées par des négociants de Barcelone. Il croyait les documents épuisés, lorsque ses regards tombèrent sur une lettre signée par un certain Pierre Dufour.

— Pierre Dufour, répéta Vincent ; c'était le nom du fourrier de la compagnie.

— C'est, en effet, le titre qu'il prend, répondit Charles.

— Dieu me sauve ! je croyais le brave garçon dans l'autre monde. Voyons ce qu'il peut dire, lui qui était le confident du capitaine...

Au lieu de répondre, Charles poussa un cri. Il venait de parcourir la lettre et avait changé de visage.

— Eh bien ! qu'y a-t-il donc? demanda tranquillement Vincent.

— Ce qu'il y a ! répéta le jeune ouvrier ; il y a que si ce Dufour dit vrai, le voyage est inutile.

— Pourquoi?

— Parce que les caissons n'étaient point chargés d'argent, mais de poudre !

Vincent regarda son neveu et éclata de rire.

— Ah ! c'était de la poudre, s'écria-t-il ; c'est donc pour ça qu'avant de les enterrer on en a tiré des cartouches.

— Vous le saviez ! interrompit Charles.

— Puisque je l'ai vu ! répondit le vieillard avec bonhomie.

— Mais alors... vous m'avez trompé, s'écria l'ouvrier, vous ne pouviez croire à l'existence des millions enfouis, et votre promesse était une raillerie ?

— C'était une vérité, répliqua le soldat sérieusement ; je t'ai promis un trésor, tu l'auras ; seulement, nous n'irons point le chercher en Espagne.

— Que voulez-vous dire ?

— Tu vas le savoir.

La voiture venait de s'arrêter devant une boutique ; les deux voyageurs descendirent et y entrèrent. Charles reconnut l'atelier de reliure de son ancien maître, mais restauré, repeint et garni de tous les instruments nécessaires. Il allait demander l'explication de ce qu'il voyait, lorsque ses yeux tombèrent sur le nom du propriétaire gravé en lettres d'or au-dessus du comptoir ; c'était son propre nom ! Au même instant, la porte de l'arrière-boutique s'ouvrit ; il aperçut un foyer qui brillait joyeusement, une table servie, et Suzanne qui, en souriant, lui faisait signe d'entrer.

Vincent se pencha alors vers lui, et saisissant sa main :

— Voilà le trésor que je t'avais promis, dit-il ; un bon

état qui te fera vivre, et une bonne femme qui te rendra heureux. Tout ce que tu vois ici a été gagné par toi et t'appartient. Ne t'afflige pas si je t'ai trompé : tu ne voulais point *boire* le bonheur, j'ai fait comme les nourrices, qui frottent de miel la coupe repoussée par le nourrisson. Maintenant que tu sais où est la vie heureuse et que tu y as goûté, j'espère que tu ne la refuseras plus.

HUITIÈME RÉCIT

L'ONCLE D'AMÉRIQUE

Bien qu'au commencement de ce siècle Dieppe eût déjà beaucoup perdu de son importance, ses expéditions maritimes avaient encore une grandeur que le commerce restreint de nos jours ne peut faire soupçonner. Le temps des fortunes fabuleuses n'était point tellement passé qu'on ne vît, de temps en temps, revenir des pays lointains quelques-uns de ces millionnaires inattendus dont le théâtre a tant abusé, et l'on pouvait encore, sans trop de naïveté, croire à la réalité des *oncles d'Amérique.* En effet, on montrait alors à Dieppe plus d'un négociant dont les navires remplissaient le port, et qu'on avait vu partir, quelques vingt ans auparavant, en simple jaquette de matelot. Ces exemples étaient un encouragement pour les forts et une éternelle espérance pour les déshérités. Ils rendaient l'invraisemblable possible et l'impossible vraisemblable. Les malheureux se consolaient de la réalité en espérant un miracle.

Ce miracle semblait près de s'accomplir pour une pauvre famille du petit village d'Omonville, situé à quatre lieues de Dieppe.

La veuve Mauvaire avait subi de rudes épreuves. Son fils aîné, le véritable soutien de la famille, était mort dans un naufrage, laissant quatre enfants à la charge de la vieille femme. Ce malheur avait arrêté et peut-être rompu le mariage de sa fille Clémence, en même temps qu'il dérangeait les projets de son fils Martin, qui avait dû quitter ses études tardives pour venir reprendre sa part des travaux de la ferme.

Mais au milieu de l'inquiétude et de l'abattement de la pauvre famille, une espérance rayonna tout à coup ! Une lettre écrite de Dieppe annonça le retour d'un beau-frère de la veuve, parti depuis vingt ans. L'oncle Bruno revenait *avec quelques curiosités du Nouveau-Monde,* ainsi qu'il le disait lui-même, et dans la résolution de s'établir à Dieppe.

Sa lettre faisait, depuis la veille, l'objet de toutes les préoccupations. Bien qu'elle ne renfermât rien de précis, le fils Martin, qui avait de la lecture, y reconnut le style d'un homme trop libre et de trop bonne humeur pour ne pas s'être enrichi. Évidemment le marin revenait avec quelques tonnes d'écus, dont il ne refuserait pas de faire part à sa famille.

Une fois en route, l'imagination marche vite. Chacun ajouta ses suppositions à celles de Martin ; Julienne elle-même, la filleule recueillie par la veuve, et qui habitait la ferme, moins comme servante que comme parente d'adoption, Julienne se mit à chercher ce que l'oncle d'Amérique pourrait lui donner.

— Je lui demanderai un caraco de drap et une croix d'or, dit-elle après une nouvelle lecture de la lettre que Martin venait de faire tout haut.

— Ah ! dit la veuve en soupirant, si mon pauvre Didier vivait, voilà qu'il eût trouvé un protecteur.

— Il y a toujours ses enfants, marraine, fit observer la jeune fille, sans compter mam'selle Clémence, qui ne refuserait pas une dot.

— Pourquoi faire ? dit Clémence, en secouant tristement la tête.

— Pourquoi ? répéta Julienne ; mais pour que les parents de M. Marc n'aient plus rien à dire. Ils ont eu beau embarquer leur fils, à cette fin d'empêcher le mariage ; si l'oncle Bruno le veut, allez ! le futur sera bientôt de retour.

— Reste à savoir s'il a envie de revenir, objecta la jeune fille à demi-voix.

— Eh bien ! si ce n'est pas lui, tu en trouveras un autre, dit Martin, qui ne voyait que le mariage de sa sœur, tandis que celle-ci voyait surtout le mari; avec un oncle d'Amérique, on trouve toujours une bonne alliance. Qui sait même s'il n'a pas avec lui quelque compagnon de fortune, quelque millionnaire dont il voudra se faire un neveu?

— Oh! j'espère bien que non! s'écria Clémence effrayée; rien ne presse pour mon mariage.

— Ce qui presse, c'est de trouver une place pour ton frère, reprit la veuve d'un ton chagrin.

— Monsieur le comte me fait toujours espérer la recette de ses fermes, objecta Martin.

— Mais il ne se décide pas, reprit la vieille femme; en attendant, le temps se passe et le blé se mange. Les grands seigneurs ne savent pas ça; leur esprit est au plaisir, et, quand ils se rappellent le morceau de pain qu'ils vous ont promis, vous êtes déjà mort de famine.

— Nous n'aurons plus ça à craindre avec l'amitié de l'oncle Bruno, dit Martin; il n'y a pas à se tromper; sa lettre dit : « J'arriverai demain à Omonville, avec *tout ce que je possède*. » Ce qui signifie qu'il ne compte pas nous oublier.

— Il doit être en route, interrompit la veuve, il peut arriver à chaque instant. Avez-vous bien tout préparé, Clémence?

La jeune fille se leva et montra le buffet garni avec une abondance inaccoutumée. Près d'un gigot de mouton qu'on venait de retirer du four se dressait un énorme quartier de lard fumé, flanqué de deux assiettes de fouasses de froment et d'une terrine de crème douce. Plusieurs pots de maître-cidre complétaient ce menu, qui fit pousser aux enfants des cris d'admiration et de convoitise. Julienne parla, en outre, d'un potage aux pommes et d'une tartine au beurre qui *migeotait* près du feu.

La veuve choisit alors dans son armoire à linge une nappe et des serviettes jaunies par le manque d'usage. La jeune servante prit dans le vaisselier les assiettes les moins ébréchées et commença à mettre le couvert, en plaçant au haut bout de la table l'unique cuiller d'argent que possédât la famille.

On achevait ces préparatifs, lorsqu'un des enfants qui faisait le guet au dehors se précipita dans la maison en criant :

— Le voici ! le voici !

— Qui cela? demanda-t-on de toutes parts.

— Eh bien ! parbleu ! l'oncle Bruno, répondit une voix forte et joviale.

La famille entière se retourna. Un matelot venait de s'arrêter sur le seuil et restait encadré dans la baie de la porte subitement ouverte ; il tenait sur le poing droit un perroquet vert, et de la main gauche un singe de moyenne espèce.

Les petits enfants épouvantés se sauvèrent dans le giron de la grand'mère, qui ne put elle-même retenir un cri. Martin, Clémence et la servante regardaient stupéfiés.

— Comment ! est-ce qu'on a peur de ma ménagerie ? reprit Bruno en riant. Allons, braves gens, remettez-vous le cœur, et qu'on s'embrasse ; je viens de faire trois mille lieues pour ça !

Martin se hasarda le premier; puis vinrent Clémence, la veuve et les plus grands de ses petits-fils; mais rien ne put décider la petite-fille ni le cadet à s'approcher.

Bruno s'en dédommagea en embrassant Julienne.

— Par ma foi! j'ai cru que je n'arriverais jamais, reprit-il; savez-vous maman Mauvaire, qu'il y a une bonne bordée à courir de Dieppe à votre satanée maison?

Martin remarqua alors les chaussures du marin qui étaient couvertes de poussière.

— Est-ce que l'oncle Bruno est venu à pied? demanda-t-il tout surpris.

— Pardieu! voudrais-tu que je fusse venu en canot à travers vos champs de blé? répondit le matelot gaiement.

Martin se tourna vers la porte :

— Mais... les bagages?... hasarda-t-il.

— Mes bagages, je les ai sur moi, dit Bruno. Un marin, mon petit, ça n'a besoin pour garde-robe que d'une pipe et d'un bonnet de nuit.

La veuve et les enfants se regardèrent.

— Pardon, objecta le garçon; mais, d'après la lettre de l'oncle, j'avais cru...

— Quoi donc? que j'arrivais avec un vaisseau à trois ponts?

— Non, reprit Martin, qui s'efforça de rire agréablement, mais avec vos malles... pour un long séjour; car vous nous aviez fait espérer que vous resteriez longtemps.

— Moi?

— La preuve, c'est que vous nous avez dit venir avec *tout ce que vous possédiez.*

— Eh bien, le voilà, tout ce que je possède ! s'écria Bruno : mon singe et mon perroquet.

— Quoi ! c'est tout ? s'écria la famille d'une seule voix.

— Avec mon coffre de matelot, où il y a pas mal de bas sans pieds et de chemises dépouillées de manches ! Mais on n'en est pas plus triste pour ça, les enfants. Tant que la conscience et l'estomac sont en bon état, le reste n'est qu'une farce ! Faites excuse, belle-sœur ; je vois là du cidre, et vos quatre lieues de chemin de terre m'ont desséché le gosier. Houp ! Rochambeau, salue les parents.

Le singe fit trois gambades, puis alla s'asseoir un peu plus loin, en se grattant le museau.

Le marin, qui avait gagné la table, se servit à boire.

La famille paraissait consternée. En voyant le couvert mis, Bruno s'était assis sans façon et avait déclaré qu'il mourait de faim. Bon gré, mal gré, il fallut servir la soupe aux pommes et le lard fumé qui avait été aperçu ; mais la veuve Mauvaire referma le buffet sur le reste.

Le matelot que Martin continuait à interroger, raconta alors comment il avait parcouru vingt ans les mers de l'Inde sous divers pavillons, sans autres gains que sa paye, aussitôt dépensée que reçue. Enfin, au bout d'une heure, il parut évident que l'oncle Bruno n'avait pour fortune que beaucoup de bonne humeur et un excellent appétit.

Le désappointement fut général, mais se traduisit selon le caractère de chacun. Tandis qu'il n'éveillait chez Clémence que de la surprise mêlée d'un peu de tristesse, chez Martin c'était un dépit humilié, et chez la veuve du regret et de la colère. Ce changement de dispositions ne tarda pas à s'exprimer. Le singe ayant effrayé la petite fille en la poursuivant, sa grand'mère exigea qu'il fût relégué dans une écurie abandonnée; et le perroquet s'étant permis de becqueter dans l'assiette du matelot, Martin le déclara impossible à supporter. Clémence ne dit rien, mais elle sortit avec Juliette pour vaquer aux soins du ménage, tandis que la veuve allait reprendre son rouet hors du seuil.

Resté seul avec son neveu, qui cherchait à donner l'apparence de la distraction à son air maussade, l'oncle Bruno reposa tranquillement le verre qu'il avait vidé à petits coups, sifflota un instant; puis s'appuyant des deux coudes sur la table, il regarda Martin en face.

— Sais-tu bien, garçon, dit-il tranquillement, que le vent me paraît être un peu au nord-est dans la maison? Vous avez tous des mines qui font froid au cœur, et personne ne m'a encore adressé ici le plus petit mot d'amitié? C'est pas comme ça qu'on reçoit un parent qu'on n'a pas vu depuis vingt ans!

Martin répondit assez brusquement que l'accueil était ce qu'il pouvait être, et qu'il ne dépendait pas d'eux de lui faire meilleure chère.

— Mais il dépend de vous de faire meilleur visage, répliqua Bruno, et, Dieu me damne! vous m'avez reçu comme un grain blanc. Au reste, c'est assez causé sur l'article, mon petit, j'aime pas les querelles de ménage.

Rappelle-toi bien seulement que vous vous repentirez un jour de la chose ; je ne te dis que ça !

Ayant ainsi parlé, le matelot se coupa une nouvelle tranche de lard et se remit à manger.

Martin, frappé de ces paroles, eut un soupçon.

— L'oncle Bruno n'aurait point cet air d'assurance, pensa-t-il, s'il ne possédait, comme il le prétend, qu'un singe et un perroquet ! Nous avons été dupes d'une ruse ; il a voulu nous éprouver, et l'espèce de menace qu'il vient de me faire l'a trahi ; vite, tâchons de réparer notre sottise et de le ramener à nous !

Il courut aussitôt à sa mère et à sa sœur pour leur faire part de sa découverte. Toutes deux se hâtèrent de rentrer : les visages qui étaient partis renfrognés revenaient épanouis et souriants. La veuve s'excusa de ce que les nécessités du ménage l'eussent forcée à quitter le cher beau-frère, et s'étonna de ne pas voir la table mieux servie.

— Eh bien ! où est donc le gâteau ? s'écria-t-elle ; où sont les fouasses et la crème que j'avais mises à part pour Bruno ? Julienne, à quoi pensez-vous, ma chère ? Et vous, Clémence, voyez s'il ne reste pas des noisettes dans le petit buffet ; ça aiguise les dents et ça aide à boire le *piot*.

La jeune fille obéit, et, quand tout fut sur la table, elle vint s'asseoir souriante vis-à-vis du matelot. Celui-ci la regarda avec complaisance.

— Eh bien ! à la bonne heure ! dit-il ; voilà une figure de vraie parente ; je retrouve la fille de mon pauvre Georges !

Et, lui passant la main sous le menton :

— Du reste, c'est pas d'aujourd'hui que je te connais, petiote, ajouta-t-il ; il y a longtemps qu'on me parle de toi.

— Qui cela ? demanda la jeune fille étonnée.

Avant que le matelot eût répondu, une voix haute et brève fit entendre le nom de Clémence ! Celle-ci se retourna stupéfaite et ne vit personne.

— Ah ! ah ! tu ne sais pas qui t'appelle ! dit le matelot en riant.

— Clémence ! Clémence ! redit la même voix.

— C'est le perroquet ! s'écria Martin.

— Le perroquet ! répéta la jeune fille, et qui donc lui a appris mon nom ?

— Quelqu'un qui ne l'a pas oublié, répliqua Bruno en clignant de l'œil.

— Vous, mon oncle ?

— Non, fillette, mais un jeune matelot né natif d'Omonville.

— Marc !

— Je crois bien que c'est son nom !

— Vous l'avez donc vu, mon oncle ?

— Un peu, par la raison que je suis revenu sur le navire où il était embarqué.

— Il est de retour ?

— Avec une part de voyage qui lui permettra, dit-il, de se mettre en ménage sans avoir besoin de ses parents pour lui pendre la crémaillère.

— Et il vous a parlé...

— De toi, dit le marin, qui acheva la pensée de sa

nièce, assez souvent pour que Jako ait retenu le nom, comme tu vois.

Clémence devint rouge de plaisir, et la veuve elle-même ne put retenir un geste de satisfaction. Le mariage projeté entre sa fille et Marc lui avait toujours souri, et elle s'était sérieusement affligée des obstacles apportés, dans ces derniers temps, par la famille du jeune homme. Bruno lui apprit que celui-ci n'avait été retenu à Dieppe que par les formalités nécessaires à son débarquement, et qu'il arriverait probablement le lendemain, plus amoureux que jamais.

Cette nouvelle réjouit tout le monde, mais particulièrement Clémence, qui embrassa son oncle avec un véritable transport de reconnaissance. Bruno la retint un instant, la tête sur son épaule.

— Allons, nous voilà bons amis à la vie, à la mort, pas vrai? dit-il en riant; aussi, pour que tu ne t'ennuies pas trop à attendre le matelot, je te donne mon perroquet; ça te parlera de lui.

Clémence embrassa de nouveau son oncle avec mille remercîments, et tendit les mains à l'oiseau, dont elle n'avait plus peur; il s'élança sur son bras en criant : — Bonjour, Clémence!

Tout le monde éclata de rire, et la jeune fille ravie l'emporta en le baisant.

— Vous venez de faire une heureuse, frère Bruno, dit la veuve, qui la suivit des yeux.

— Je voudrais bien que ce ne fût pas la seule, répondit le marin, en redevenant sérieux; vous aussi, belle-sœur, j'aurais quelque chose à vous offrir; mais j'ai peur de vous remuer un triste souvenir dans le cœur.

— Il s'agit de mon fils Didier! s'écria la vieille femme, avec cette lucide promptitude des mères.

— Vous l'avez dit, reprit Bruno. Quand il a fait naufrage, là-bas, nous étions malheureusement séparés... Si le bon Dieu nous eût mis sur le même navire, qui sait? je nage à rendre des points aux marsouins, moi; j'aurais peut-être pu lui donner un coup d'épaule, comme à l'affaire de Tréport.

— En effet, vous lui aviez une fois sauvé la vie! s'écria la veuve, subitement rappelée à un lointain souvenir; je n'aurais jamais dû l'oublier, beau-frère.

Elle avait tendu une main au matelot; celui-ci la serra dans les siennes.

— Bah! c'est rien, dit-il avec bonhomie, un simple service de voisinage; mais dans l'Inde il n'y avait pas moyen: quand notre navire est arrivé, celui de Didier était à la côte depuis quinze jours. Tout ce que j'ai pu faire, ça été de savoir où on l'avait enterré, et d'y planter une croix de bambou.

— Vous avez fait cela! s'écria la mère baignée de larmes; oh! merci, Bruno; merci, frère!

— C'est pas tout, reprit le matelot, qui s'attendrissait malgré lui: j'ai su que des gueux de Lascars avaient vendu les nippes des noyés; si bien qu'à force de chercher j'ai retrouvé la montre du neveu, je l'ai rachetée avec tout ce que j'avais vaillant, et je vous la rapporte, belle-sœur, la voilà.

En parlant ainsi, il montrait à la vieille femme une grosse montre d'argent suspendue à un bout de filin goudronné. La veuve la saisit en poussant un cri, et la baisa à plusieurs reprises. Toutes les femmes pleuraient ; Martin lui-même paraissait très-ému ; quant à Bruno, il toussait et essayait de boire pour combattre son attendrissement.

Lorsque la veuve Mauvaire put retrouver la parole, elle serra dans ses bras le digne matelot et le remercia avec chaleur. Toute sa mauvaise humeur avait disparu ; elle ne pensait plus aux idées qui l'avaient préoccupée jusqu'alors ; elle était tout entière à la reconnaissance du don précieux qui lui rappelait un fils si cruellement disparu.

La conversation avec Bruno devint plus libre et plus amicale. Ses explications ne permirent bientôt plus de se tromper sur sa véritable position : l'oncle d'Amérique revenait bien aussi pauvre qu'il était parti. En déclarant à son neveu que lui et les siens se repentiraient de leur froideur, il n'avait pensé qu'aux regrets qu'ils devaient éprouver, tôt ou tard, d'avoir méconnu un bon parent ; tout le reste était une induction de Martin.

Bien que cette découverte détruisît définitivement les espérances de la mère et de la fille, elle ne changea rien à leurs manières. Toutes deux, gagnées de cœur à l'oncle Bruno, lui conservèrent par choix la bienveillance qu'elles lui avaient d'abord témoignée par intérêt, et l'entourèrent, à l'envi, des prévenances les plus affectueuses.

Le matelot, pour lequel on avait épuisé toutes les réserves de l'humble ménage, venait enfin de quitter la table, lorsque Martin, sorti depuis un instant, rentra tout à coup, en demandant à Bruno s'il voulait vendre son singe.

— Rochambeau? répondit le marin, non pas, *fistot*; je l'ai élevé, il m'obéit; c'est mon serviteur et mon compagnon; je ne le donnerais pas pour dix fois ce qu'il vaut. Mais qui donc veut l'acheter?

— C'est M. le comte, dit le jeune homme; il vient de passer, il a vu l'animal, et en a été si content qu'il m'a prié de faire moi-même le prix et de le lui amener.

— Eh bien! tu lui diras qu'on le garde, répondit Bruno en bourrant sa pipe.

Martin fit un geste de contrariété.

— C'est jouer de malheur! dit-il; M. le comte s'était justement rappelé ses promesses; il m'avait dit de lui avoir le singe, et qu'il prendrait avec moi ses arrangements pour cette place de receveur.

— Ah! Jésus! ton sort était fait! s'écria la veuve avec un accent affligé.

Bruno se fit expliquer l'affaire.

— Ainsi, dit-il, après un moment de réflexion, tu espérais, en procurant Rochambeau au comte, obtenir l'emploi que tu désires?

— J'en étais sûr, répliqua Martin.

— Eh bien! s'écria brusquement le marin, je ne vends pas l'animal, mais je te le donne! Offre-le à ton seigneur, et il faudra bien qu'il reconnaisse ta politesse.

Ce fut un concert général de remercîments auxquels le marin ne put couper court qu'en envoyant son neveu au château avec Rochambeau. Martin fut très-bien reçu par le comte, qui causa quelque temps avec lui, s'assura qu'il pouvait remplir l'emploi demandé et le lui accorda.

On comprend la joie de la famille lorsqu'il revint avec cette nouvelle. La veuve, voulant expier ses torts, avoua alors au marin les espérances intéressées qu'avait fait naître son retour. Bruno éclata de rire.

— Par mon baptême, s'écria-t-il, je vous ai joué un bon tour! Vous espériez des millions, et je ne vous ai apporté que deux bêtes inutiles.

— Vous vous trompez, mon oncle, dit doucement Clémence : vous nous avez apporté trois trésors sans prix ; car, grâce à vous, ma mère a maintenant un souvenir, mon frère du travail, et moi... moi, j'ai l'espérance !

NEUVIÈME RÉCIT

LES DIX TRAVAILLEURS DE LA MÈRE VERT-D'EAU.

Les soirées d'hiver sont commencées à la ferme de Guillaume. Après le travail du jour, toute la famille se réunit autour du foyer, et quelques voisins viennent s'y joindre; car, dans ces solitaires vallées des Vosges, les habitations sont clair-semées, et le voisinage établit une sorte de parenté.

C'est là, autour du feu de pommes de pin, que les intimités s'établissent ou redoublent. La douce chaleur du foyer, la joie de la réunion, l'entraînement de la parole, amènent les confidences; les cœurs s'ouvrent sans y prendre garde, les esprits se marient dans mille projets; on met en commun cette vie du dedans sans laquelle l'autre n'est qu'une apparence, mais qui ne se révèle qu'à ses heures.

Quelquefois le cousin *Prudence* vient lui-même partager la veillée, malgré la distance, et alors c'est fête à la ferme; car le cousin est le plus habile conteur de la montagne. Il sait non-seulement tout ce que les pères ont raconté, mais ce que disent les livres. Il connaît l'origine de tous les vieux logis et l'histoire de toutes les vieilles familles; il a appris les noms des grandes pierres couvertes de mousse qui se dressent sur les hauteurs comme des colonnes ou comme des autels; il est enfin la tradition du pays et sa science.

Il en est, de plus, la sagesse! Il a appris à lire dans les cœurs, et il est rare qu'il n'y découvre pas la cause du mal qui les tourmente. D'autres connaissent des remèdes pour les infirmités du corps; le vieux paysan en connaît, lui, pour les infirmités de l'âme, et c'est pourquoi la voix populaire lui a donné le nom respecté de bonhomme *Prudence*.

C'est la première fois, depuis la nouvelle année, qu'il paraît à la veillée, et tout le monde à sa vue s'est récrié de joie. On lui a donné la meilleure place près du foyer, on a fait cercle autour de lui; Guillaume a pris sa pipe et vient de s'asseoir vis-à-vis.

Le bonhomme *Prudence* s'est tour à tour informé de

tous les gens et de toutes les choses. Il a voulu savoir où en étaient les semailles, si le dernier poulain prenait des forces, et comment allait la basse-cour. La jeune fermière a répondu à tout sans trop d'empressement, comme si son esprit était ailleurs; car la belle Martha pense souvent au grand village où elle a été élevée! Elle regrette les danses sous les ormes, les longues promenades le long des blés avec les jeunes filles qui riaient en cueillant des fleurs dans les haies, les longues causeries du four et de la fontaine. Aussi bien souvent Martha reste-t-elle les bras pendants et sa jolie tête penchée, tandis que son esprit voyage dans le passé.

Ce soir encore, tandis que les autres femmes travaillent, la fermière est assise devant son rouet, qui ne tourne point; la quenouille reste chargée de lin à sa ceinture, et ses doigts distraits jouent avec le brin de fil pendant sur ses genoux.

Le bonhomme *Prudence* a tout observé du coin de l'œil, mais sans rien dire; car il sait que les conseils sont comme les médecines amères que l'on donne aux enfants: pour les faire accepter, il faut choisir le moyen et le moment.

Cependant la famille et les voisins l'entourent:

— Bonhomme *Prudence*, une histoire! une histoire!

Le paysan sourit, et jette un regard de côté vers Martha, toujours inoccupée.

— C'est-à-dire qu'il faut payer ici sa bienvenue, dit-il, eh bien! il sera fait à votre volonté, mes braves gens. La dernière fois, je vous ai parlé des vieux temps où les armées des païens ravageaient nos montagnes; c'était un récit fait pour les hommes. Aujourd'hui je parlerai (sans vous déplaire) pour les femmes et les petits enfants. Il faut que chacun ait son tour. Nous nous étions occupés de César; nous allons passer, pour l'heure, à la mère *Vert-d'Eau.*

Tout le monde poussa un grand éclat de rire; on s'arrangea vite, Guillaume ralluma sa pipe, et le bonhomme *Prudence* reprit :

« Ce conte-ci, mes mignons, n'est point de ceux qu'on laisse aux nourrices, et vous pourriez le lire dans l'almanach avec les vraies histoires; car l'aventure est arrivée à notre grand'mère Charlotte, que Guillaume a connue, et qui était une femme de merveilleuse vaillance.

» La grand'mère Charlotte avait été jeune aussi dans son temps, ce qu'on avait peine à croire quand on voyait ses mèches grises et son nez crochu toujours en conversation avec son menton; mais ceux de son âge disaient qu'aucune jeune fille n'avait eu meilleur visage, ni l'humeur plus inclinée à la gaieté.

» Par malheur, Charlotte était restée seule, avec son père, à la tête d'une grosse ferme plus arrentée de dettes que de revenus; si bien que l'ouvrage succédait à l'ouvrage, et que la pauvre fille, qui n'était point faite à tant de soucis, tombait souvent en désespérance, et se mettait à ne rien faire pour mieux chercher le moyen de faire tout.

» Un jour donc qu'elle était assise devant la porte, les deux mains sous son tablier comme une dame qui a des engelures, elle commença à se dire tout bas :

» — Dieu me pardonne, la tâche qui m'a été faite n'est

point d'une chrétienne! et c'est grand'pitié que je sois seule tourmentée, à mon âge, de tant de soins! Quand je serais plus diligente que le soleil, plus leste que l'eau et plus forte que le feu, je ne pourrais suffire à tout le travail du logis. Ah! pourquoi la bonne fée *Vert-d'Eau* n'est-elle plus de ce monde, ou que ne l'a-t-on invitée à mon baptême? Si elle pouvait m'entendre et si elle voulait me secourir, peut-être sortirions-nous, moi de mon souci, et mon père de sa mal-aisance.

» — Sois donc satisfaite, me voilà! interrompit une voix.

» Et Charlotte aperçut devant elle la mère *Vert-d'Eau* qui la regardait, appuyée sur son petit bâton de houx.

» Au premier instant, la jeune fille eut peur, car la fée portait un habillement peu en usage dans le pays : elle était vêtue tout entière d'une peau de grenouille dont la tête lui servait de capuchon, et elle-même était si laide, si vieille et si ridée qu'avec un million de dot elle n'eût pu trouver un épouseur.

» Cependant Charlotte se remit assez vite pour demander à la fée *Vert-d'Eau*, d'une voix un peu tremblante, mais très-polie, ce qu'elle pouvait faire pour son service?

» — C'est moi qui viens me mettre au tien, répliqua la vieille ; j'ai entendu ta plainte, et je t'apporte de quoi sortir d'embarras.

» — Ah! parlez-vous sérieusement, bonne mère? s'écria Charlotte, qui se familiarisa tout de suite; venez-vous pour me donner un morceau de votre baguette avec lequel je pourrai rendre tout mon travail facile?

» — Mieux que cela, répondit la mère *Vert-d'Eau;* je t'amène dix petits ouvriers qui exécuteront tout ce que tu voudras bien leur ordonner.

» — Où sont-ils? s'écria la jeune fille.

» — Tu vas les voir.

» La vieille entr'ouvrit son manteau et en laissa sortir dix nains de grandeur inégale.

» Les deux premiers étaient très-courts, mais larges et robustes.

» — Ceux-ci, dit-elle, sont les plus vigoureux; ils t'aideront à tous les travaux et te donneront en force ce qui leur manque en dextérité. Ceux que tu vois et qui les suivent sont plus grands, plus adroits; ils savent traire, tirer le lin de la quenouille, et vaqueront à tous les ouvrages de la maison. Leurs frères, dont tu peux remarquer la haute taille, sont surtout habiles à manier l'aiguille, comme le prouve le petit dé de cuivre dont je les ai coiffés. En voici deux autres, moins savants, qui ont une bague pour ceinture, et qui ne pourront guère qu'aider au travail général, ainsi que les derniers, dont il faudra estimer surtout la bonne volonté. Tous les dix te paraissent, je parie, bien peu de chose; mais tu vas les voir à l'œuvre, et tu en jugeras.

» A ces mots, la vieille fit un signe, et les dix nains s'élancèrent. Charlotte les vit exécuter successivement les travaux les plus rudes et les plus délicats, se plier à tout, suffire à tout, préparer tout. Émerveillée, elle poussa un grand cri de joie, et, étendant les bras vers la fée :

» — Ah! mère *Vert-d'Eau,* s'écria-t-elle, prêtez-moi

ces dix vaillants travailleurs, et je ne demande plus rien à celui qui a créé le monde !

» — Je fais mieux, répliqua la fée, je te les donne ; seulement, comme tu ne pourrais les transporter partout avec toi sans qu'on t'accusât de sorcellerie, je vais ordonner à chacun d'eux de se faire petit et de se cacher dans tes dix doigts.

» Quand ceci fut accompli :

» — Tu sais maintenant quel trésor tu possèdes, reprit la mère *Vert-d'Eau;* tout va dépendre de l'usage que tu en feras. Si tu ne sais point gouverner tes petits serviteurs, si tu les laisses s'engourdir dans l'oisiveté, tu n'en tireras aucun avantage ; mais donne-leur une bonne direction, de peur qu'ils ne s'endorment, ne laisse jamais tes doigts en repos, et le travail dont tu étais effrayée se trouvera fait comme par enchantement.

» La fée avait dit vrai, et notre grand'mère, qui suivit ses conseils, vint non-seulement à bout de rétablir les affaires de la ferme, mais elle sut gagner une dot avec laquelle elle se maria heureusement, et qui l'aida à élever huit enfants dans l'aisance et l'honnêteté. Depuis, c'est une tradition parmi nous qu'elle a transmis les travailleurs de la mère *Vert-d'Eau* à toutes les femmes de la famille, et que, pour peu que celles-ci se remuent, les petits ouvriers se mettent en action et nous font profiter grandement. Aussi avons-nous coutume de dire, parmi nous, que c'est dans le mouvement des dix doigts de la ménagère qu'est toute la prospérité, toute la joie et tout le bien-vivre de la maison. »

En prononçant ces derniers mots, le bonhomme *Pru-*

dence s'était retourné vers Martha. La jeune femme devint rouge, baissa les yeux et redressa sa quenouille.

Guillaume et son cousin échangèrent un regard.

Toute la famille silencieuse réfléchissait à l'histoire du conteur. Chacun cherchait à en pénétrer le sens tout entier et se donnait sa leçon à lui-même ; mais la belle fermière avait déjà compris celle qui lui était adressée, car la gaieté était revenue sur son visage; le rouet tournait rapidement, et le lin disparaissait de la quenouille.

DIXIÈME RÉCIT

LES VIEUX PORTRAITS.

Alors j'étais jeune encore, et, tout entier aux ardentes préoccupations du présent, je n'avais que mépris pour le passé. Fier, comme tous ceux de mon âge, d'une force que la vie n'avait point éprouvée, je ne doutais de rien, je me savais gré d'être né à notre époque; je m'admirais dans mes contemporains. Lorsque je tournais les yeux en arrière, je ne voyais que préjugés, superstitions ou servilité; ma génération me semblait ouvrir, en réalité, l'histoire, et porter le monde comme Atlas.

De là mes dédains superbes pour tout ce qui n'était pas de notre temps. Je me raillais des anciennes modes, les vieux usages me faisaient hausser les épaules, je fuyais les cheveux blancs! Orphelin presque dès le berceau, j'avais grandi au milieu de compagnons de mon âge, sans parents et sans amis dont l'affection pût me réconcilier avec la vieillesse : aussi me déplaisait-elle également dans les personnes et dans les choses ; quand elle ne me faisait point rire, elle me faisait peur.

Mon existence était joyeuse, bien que difficile. Entraîné dans l'activité fiévreuse de la société moderne, je prenais plaisir à m'y essayer. Je ressemblais au jeune nageur qui aime à lutter contre les flots ; mais par instant la lassitude venait, et j'aurais voulu un coin de rivage où m'asseoir, un rayon de soleil pour me réchauffer. Enfermé dans les limites d'une étroite médiocrité, j'aurais souhaité ces ailes d'or qui font franchir tous les espaces ; obligé de m'occuper surtout de moi pour vivre, j'aurais voulu avoir le loisir de songer aux autres pour les servir.

Un événement inattendu vint m'arracher à mes travaux et à mes rêves. J'appris la mort d'un arrière-cousin de province dont je n'avais jamais entendu parler, et qui me laissait un héritage. La lettre du notaire réclamait ma présence comme indispensable pour hâter l'entrée en possession. Il fallut donc se décider à prendre la diligence de Bourgogne, qui devait me conduire au village naguère habité par le défunt.

Le voyage se fit assez bien. Un beau soleil d'automne illuminait la campagne, les bois étaient couronnés de leurs dernières feuilles, et l'on entendait de tous côtés les grelots des attelages rentrant la moisson, ou les chants des paysans conduisant la charrue. A tout prendre, je ne fus pas trop mécontent de la province jusqu'à mon arrivée à ***. Mais là, on m'apprit qu'il fallait quitter la diligence et rejoindre à pied le village où j'étais attendu. C'étaient deux lieues à faire par des chemins de traverse qu'avaient détrempés les pluies précédentes! Le jour commençait à baisser, et une froide brume d'octobre rampait déjà au fond de la vallée. Je me mis en route d'assez mauvaise humeur, donnant au diable les pays où l'on ne trouvait point de fiacres, et louvoyant de mon mieux parmi les ornières.

Malheureusement les indications qui m'avaient été données au relais étaient insuffisantes; tous ces sentiers à travers les vignes avaient pour moi le même aspect; je m'égarai plusieurs fois, et il faisait déjà nuit lorsque j'atteignis le village. Il fallut aller de porte en porte pour découvrir la maison du cousin, et quand j'y arrivai enfin, crotté et transi, je ne trouvai personne!

Un passant m'apprit que dame Félicité (c'était la gouvernante) priait à l'église. Il fallut attendre son retour en me promenant devant la cour, les mains dans mes poches, et le nez enfoncé dans le collet de mon paletot.

Cette faction à la porte de ma propre maison eût été plaisante sans la fatigue et la brume qui se transformait insensiblement en une pluie fine. J'étais à bout de patience quand parut enfin une vieille servante à l'air demi-bourgeois, que son livre d'heures me fit reconnaître.

A la vue d'un étranger debout près du seuil, elle s'était arrêtée, et me demanda ce que je cherchais.

— Madame Félicité, répliquai-je en grelottant.

— Vous voulez dire mademoiselle, reprit la vieille d'une voix aigrelette; c'est moi; que désire monsieur?

— D'abord, que vous m'ouvriez cette porte, m'écriai-je, puis que vous me fournissiez les moyens de me sécher.

Et, pour prévenir toute nouvelle objection, je me nommai.

J'espérais qu'à ce nom la vieille gouvernante allait se confondre en excuses; mais, à mon grand étonnement, elle me regarda avec une sorte d'hostilité défiante.

— Ah! c'est monsieur qui hérite! reprit-elle d'une voix lente; alors je vais prévenir le notaire.

— Au diable! interrompis-je impatienté; il s'agit d'abord de se mettre à l'abri; entrons, dame Félicité.

— Faites excuse, on m'a donné la garde du logis, reprit-elle résolûment; je veux mettre à couvert ma responsabilité; que monsieur reste là; maître Boisseau décidera lui-même ce que je dois faire.

Et sans attendre ma réponse, elle tourna les talons et disparut par une ruelle.

Je recommençai à faire les cent pas devant mon héritage. Au bout d'une demi-heure, Félicité reparut avec un petit homme en lunettes, qui se fit connaître pour maître Boisseau, et à qui je remis la lettre qu'il m'avait écrite et les pièces constatant mon identité. Après en avoir pris connaissance à la lueur d'une lanterne, il voulut bien reconnaître que j'étais *la personne en question*, et ordonna de me laisser entrer.

Pendant toutes ces formalités, j'avais continué à battre la semelle contre le seuil et à maudire tout bas les tabellions de village. Lorsqu'enfin la porte fut ouverte, je déclarai brusquement à M. Boisseau que j'irais chez lui le lendemain pour tout régler, et je me précipitai dans le noir corridor sans l'inviter à me suivre.

La vieille servante parut bientôt avec sa lanterne, et me conduisit à un vieux salon meublé de quatre chaises de paille, d'un fauteuil de siamoise, et n'ayant pour ornement que deux plâtres de Paul et Virginie, posés sur la cheminée entre quatre coloquintes jaspées.

La difficulté que j'avais eue à me faire reconnaître, jointe à la route et au brouillard, m'avait mal disposé ; je ne cherchai point à cacher ma mauvaise humeur ; j'ordonnai brusquement à la gouvernante de me faire du feu et de me préparer à souper, tandis que je prenais connaissance du reste de la maison.

M'armant donc d'un vieux flambeau désargenté, où se dressait une petite chandelle ornée d'une bobèche de papier, je me mis à parcourir l'habitation du cousin décédé.

Tout répondait au salon dans lequel j'avais été reçu. Les tapisseries déteintes étaient tachetées, çà et là, de pièces plus neuves qui leur donnaient un air de guenilles ravaudées ; les meubles, de forme antique et d'un travail grossier, ne garnissaient qu'imparfaitement des appartements mal fermés ; soin, élégance, commodité, tout faisait défaut dans ce vieux logis ; j'y trouvai un témoignage éloquent de la barbarie de nos pères, et une nouvelle preuve que le bon sens et le bon goût ne commençaient véritablement qu'à notre génération.

La chambre à coucher surtout était curieuse. Le lit, en forme de cercueil, était enfermé dans quatre rideaux de serge verte troués par les mites ; sur une table, dont le tiroir manquait, étaient posés un pot à eau ébréché et une cuvette de couleur différente ; enfin, le long du mur, pendaient de vieux portraits de famille capables de donner des crises de nerfs à un connaisseur. Peints à diverses époques, ils représentaient des personnages de différentes professions, parmi lesquels je remarquai un ecclésiastique, un marchand, un juge, un officier, et enfin un gros homme *demi-bourgeois, demi-manant,* que dame Félicité me déclara être son feu maître.

L'honnête gouvernante m'avait rejoint pour m'avertir que le souper était servi ; je la suivis au salon.

L'aspect du couvert me frappa. Le linge, retiré d'une armoire de réserve pour me faire honneur, était diapré de raies jaunâtres ; les assiettes de terre de pipe paraissaient illustrées de crasseuses arabesques qui constataient l'emploi de la fourchette et des couteaux ; les verres, sans base, ne ressemblaient pas mal aux godets de nos vieux quinquets ; enfin deux salières boiteuses offraient au convive, pour assaisonnement, du sel de cuisine et du poivre concassé.

Dame Félicité me servit une soupe maigre où le beurre avait été oublié, et les débris d'une poule couveuse à laquelle sa sollicitude maternelle n'avait laissé que la peau et les os. La gouvernante me déclara que c'était l'ordinaire de son défunt maître; mais, par hospitalité, elle ajouta, pour moi, trois pommes en train de pourrir, et un morceau de fromage couvert d'une mousse verdâtre !

— Je voulus goûter au vin; c'était une piquette trouble, fabriquée avec des vendanges de rebut.

Plus mécontent que jamais de mon voyage, je me décidai à gagner mon lit. La vieille servante m'éclaira jusqu'à la chambre à coucher. Son grand lit funèbre, ses vieux portraits enfumés me furent encore plus désagréables que la première fois. Je me tournai brusquement vers ma conductrice, en lui demandant s'il y avait un commissaire-priseur à ***.

— Un commissaire-priseur ! répéta-t-elle, nous ne connaissons pas ça !

— On ne fait donc jamais de ventes publiques ?

— Pardonnez-moi.

— Et comment s'y prendre, alors?

— Le bedeau tambourine la chose à tous les carrefours de la commune.

— Eh bien ! faites prévenir dès demain le bedeau, et qu'il annonce la vente de tout ce qui se trouve ici.

— De tout ! Quoi, monsieur ne garde rien ?

— Rien.

— Pas même les peintures ?

— Pas même les peintures.

— Ah ! monsieur, vous n'y pensez pas ; ce sont des portraits de famille !

— Je vous dis que je vends tout. Bonsoir.

Et je pris la chandelle à dame Félicité, qui sortit en levant les mains au ciel.

— Et que veut-elle que je fasse de ces toiles barbouillées? Ah! oui, je vous vendrai, grotesques images, ne fût-ce que par haine des temps que vous représentez! Ce triste intérieur est le vôtre, ces habitudes d'inélégance et de parcimonie sont celles que vous avez léguées; cette vie dépouillée de tous les charmes de notre civilisation moderne est votre vie perpétuée par la tradition! Hors d'ici, barbares! Nous ne sommes point de la même race, et il n'y a rien de commun entre nous.

Tout en me parlant ainsi à moi-même, je m'étais mis au lit; mais la fatigue et la mauvaise humeur éloignèrent le sommeil. Je pris le volume d'histoire que j'avais apporté pour me distraire pendant la route, puis l'inventaire de la succession que le notaire m'avait remis.

Ici m'attendait une surprise plus agréable que les autres. Le chiffre total s'élevait à une somme que j'avais été loin de supposer, et qui me faisait presque riche. Cette découverte inattendue amoindrit singulièrement mon dépit et commença à rendre plus facile la digestion de mon mauvais souper. Je me mis à examiner l'inventaire en détail jusqu'à ce que les chiffres commençassent à flotter devant mes paupières à demi fermées; enfin je perdis conscience de ce qui m'entourait.

Bientôt il me sembla qu'un bruit de pas se faisait entendre à mon chevet; je rouvris les yeux et j'aperçus une douzaine de personnages groupés près de mon lit. Tous portaient des costumes anciens et différents, dans lesquels je reconnus, avec surprise, ceux des vieux portraits qui garnissaient la chambre à coucher. Je les cherchai aussitôt à la muraille pour faire la comparaison. Leurs cadres seuls y restaient suspendus ! c'étaient bien les antiques images de la famille auxquelles un miracle venait de donner la vie !

A leur tête paraissait un vieillard que je n'avais point remarqué dans la collection. Mon regard s'arrêta sur lui avec une curiosité particulière qu'il parut comprendre.

— Tu chercherais en vain mon image parmi ces portraits, me dit-il ; de mon temps aucun pinceau n'aurait pris la peine de reproduire les traits d'un serf comme moi ! mais j'avais compris les misères de ma condition, et, à force de travail, je réussis à acheter mon affranchissement. C'est grâce à lui qu'un de mes descendants, que tu vois ici, a pu s'instruire et devenir prêtre.

Celui qu'il avait désigné s'avança alors.

— Les pauvres et les opprimés avaient besoin d'appui, dit-il doucement ; soutenu par le nom du Christ, j'ai tâché de leur en servir ; j'ai aidé à instruire le peuple, à lui faire aimer le bien, à le fortifier par la probité, l'espoir, la patience, tandis que notre famille s'élevait lentement à mon ombre et prenait place parmi les honnêtes marchands de la province.

Un troisième interlocuteur éleva alors la voix.

— Cette place transmise par nos pères, moi je l'ai agrandie, dit-il avec une certaine importance ; nommé syndic de ma corporation, j'ai obtenu pour elle de nouvelles immunités ; nous nous sommes réunis pour défendre le fruit du travail contre la violence, et j'ai été un des fondateurs de cette bourgeoisie qui a associé les intérêts généraux sous le nom de communes.

— Et moi, reprit son voisin, qu'à sa toge et à sa mine austère on pouvait reconnaître pour magistrat, j'ai contribué à faire prévaloir la loi sur le caprice, et l'équité sur le crédit. Les plus puissants ont dû se soumettre à la décision de juges désarmés ; la force a plié devant le droit.

— Sans compter qu'elle s'est déclarée son auxiliaire ! a ajouté un officier au teint cuivré par le soleil ; les descendants du serf d'autrefois ont fini par ceindre l'épée et par devenir les défenseurs de la patrie et de la loi ! Dès que l'une et l'autre ont appartenu à la nation entière, la nation entière a versé son sang pour les défendre ; en devenant tous soldats, nous sommes tous passés gentilshommes !

— Oui, reprit un dernier interlocuteur, dans lequel je reconnus le portrait du cousin ; mes aînés avaient conquis pour nos descendants la justice et la liberté ; restait à leur procurer des ressources ; j'ai accepté ce rôle de fourmi. Grâce à mes labeurs et à mes économies, j'ai lentement amélioré le petit bien légué par nos pères, j'ai grossi les épargnes, j'ai agrandi le domaine ; je laisserai après moi six fois plus que je n'avais reçu, et grâce à la probité défiante de dame Félicité, tout arrivera intact à mon héritier. Je lui aurai ainsi assuré du loisir pour cultiver son intelligence, de la liberté pour faire le bien ; enfin le bonheur de ne point s'occuper de lui seul, mais de pouvoir dévouer sa vie aux autres. S'il est digne d'une pareille faveur, il saura en profiter ; il gardera au fond de son cœur un peu de reconnaissance pour l'homme qui lui a préparé cette belle tâche; loin de railler, il le bénira, et il saura sanctifier ce que le vieux cousin a économisé sur lui-même en le prodiguant généreusement pour les autres.

Ces derniers mots avaient été prononcés d'un accent si vif et si bien senti, que je tressaillis malgré moi, et... je me réveillai !

La lumière allait s'éteindre, les vieux portraits étaient à leur place, l'inventaire et le livre d'histoire avaient roulé aux pieds du lit : ma vision n'était qu'un rêve !

Un rêve, ou plutôt la voix du bon sens et de la conscience. Ces vieux portraits étaient bien véritablement les symboles du passé; chacun d'eux me rappelait les services rendus par un siècle et par une classe. Ils marquaient, pour ainsi dire, les pas du temps sur la route du progrès. Pour qui savait les comprendre, il y avait là une glorification de l'œuvre accomplie par les ancêtres.

Frappé d'une subite lumière, je tendis la main vers les toiles à demi effacées, comme si elles eussent pu me voir et m'entendre.

— Ah ! pardon ! m'écriai-je; pardon, vieux soldats des âges ; je comprends maintenant le respect qui vous est dû ! Toutes les moissons récoltées aujourd'hui et dont je tirais vanité, ont été semées par vos mains; le présent n'est que la conséquence du passé, et la tradition l'instrument du progrès. Pardon, ô vous qui n'avez connu l'arbre de la science que tout petit, mais qui l'avez arrosé de vos sueurs et de votre sang; je comprends maintenant que mon orgueil était de l'ingratitude, et je vous réserverai désormais une place pieuse dans mes souvenirs.

Et vous aussi, vestiges d'un temps que nous ne comprenons plus, rusticité de nos pères, vieux usages oubliés, vous n'exciterez désormais ni mes rires ni ma colère, car je saurai que vous êtes les ruines encore visibles d'une civilisation qui a rempli sa tâche.

ONZIÈME RÉCIT

LES CHOSES INUTILES

— La diligence de Paris! cria un garçon d'auberge, en ouvrant la porte de la salle à manger du *Grand-Pélican*, à Colmar.

Un voyageur de moyen âge, qui achevait de déjeuner, se leva précipitamment à cette annonce et courut à l'entrée de l'hôtel, où la lourde voiture venait de s'arrêter.

Dans le même instant, un jeune homme mettait la tête

à la portière du coupé. Tous deux se reconnurent et poussèrent une exclamation de joie.

— Mon père!
— Camille!

A ces deux cris jetés en même temps, la portière fut rapidement ouverte; le nouvel arrivant franchit d'un bond le marchepied, et vint tomber dans les bras du plus vieux voyageur qui le tint longtemps pressé contre sa poitrine.

Le père et le fils se revoyaient pour la première fois, après une séparation de huit années que ce dernier avait dû passer à Londres chez un oncle de sa mère. La mort de ce parent, dont il se trouvait héritier, lui permettait enfin de rejoindre la maison paternelle qu'il avait quittée presque enfant, et où il revenait majeur.

Après le premier attendrissement et les premières questions, M. Isidor Berton proposa à Camille de repartir sur-le-champ pour la campagne qu'il habitait près de Ribeauvillé; celui-ci, pressé de revoir le logis où il était né, accepta; le cabriolet fut attelé, et tous deux se remirent en route.

Il y a dans ces premières entrevues, à la suite d'une longue absence, un certain embarras curieux qui entrecoupe l'entretien de silences involontaires. Désaccoutumés l'un de l'autre, on s'étudie, on s'observe, on s'efforce de découvrir les changements que le temps a dû apporter aux idées comme aux personnes; on recherche le passé dans le présent avec une sorte d'incertitude inquiète. M. Berton surtout était anxieux de connaître le jeune homme qui lui revenait à la place de l'enfant qu'il avait vu partir. Pareil au médecin qui examine un malade, il l'interrogeait lentement, observait chacune de ses impressions, et analysait ses moindres paroles.

Tout en continuant son étude, il finit pourtant par se laisser emporter au courant de la conversation, et se mit à lui parler de ses propres goûts et de ses occupations depuis son départ.

Le propriétaire de Ribeauvillé n'était ni un savant ni un artiste; mais, impuissant à produire, il aimait ce qu'avaient produit les autres; c'était un miroir qui, sans rien créer, reflétait la création! aucun élan de l'intelligence ne lui était indifférent, aucune émotion étrangère. Il s'intéressait à toutes les découvertes, s'associait à toutes les tentatives, encourageait tous les efforts. Pour lui, vivre n'était point seulement entretenir l'étincelle que Dieu a mise en chacun de nous, mais l'accroître et l'enflammer aux autres étincelles. Grâce aux loisirs que lui faisait un riche patrimoine, son activité avait pu se développer librement, en dehors des préoccupations du besoin. N'étant enchaîné sur aucune route, il les avait parcourues toutes à la suite des travailleurs, soutenant leur courage par ses récompenses ou ses sympathies. L'Alsace l'avait vu à la tête de chaque entreprise formée au profit des lettres, des sciences ou des arts, et les musées de Strasbourg avaient été enrichis par ses présents.

Dans ce moment encore, il faisait exécuter des fouilles dispendieuses aux flancs d'une colline, où quelques vestiges de poteries antiques avaient été découverts. Il montra, ne passant, à son fils, *la butte romaine*, et lui raconta comment, pour l'acquérir de son possesseur, il avait donné, en échange, un arpent de ses meilleurs prés.

Camille parut surpris.

— Tu trouves que je suis bien fou, n'est-ce pas? demanda M. Berton qui l'observait.

— Pardon, mon père, dit le jeune homme, je m'étonne seulement du marché.

— Pourquoi cela?

— Parce qu'il me semble qu'en toute chose on doit avoir égard à l'utilité, et que cette colline aride ne peut valoir un arpent de prés.

— Je vois que tu n'es pas archéologue.

— Il est vrai; je n'ai jamais bien compris ce que prouvent de vieilles poteries, et quel intérêt on peut prendre à des générations éteintes.

M. Berton regarda son fils, mais ne répondit rien. Jaloux de le connaître à fond, il ne voulait pas effaroucher sa confiance par un débat. Il y eut quelques instants d'un silence qui fut tout à coup interrompu par le cri de Camille. Il venait d'apercevoir au loin, parmi les arbres, le manoir dont il avait reconnu la grande tourelle.

— Ah! oui, c'est mon observatoire, dit son père en souriant; car je ne suis pas seulement antiquaire, mon pauvre ami, je me suis fait, de plus, astronome.

— Vous, mon père!

— J'ai transformé notre tourelle en cabinet de travail, et j'y ai braqué un télescope avec lequel j'examine ce qui se passe dans les astres.

— Et vous trouvez plaisir à vous occuper de choses

qui sont hors de votre portée, auxquelles vous ne pouvez rien changer, et qui ne vous rapportent rien?

— Cela emploie le temps, dit M. Berton, qui continuait à éviter une discussion sérieuse. Du reste, tu en verras bien d'autres. L'ancienne basse-cour a été transformée en volière, et le verger en jardin botanique.

— Tous ces changements ont dû vous coûter fort cher.

— Et ne me rapportent rien.

— C'est-à-dire alors que vous les condamnez vous-même.

— Je ne dis pas non; mais nous voici arrivés : descendons.

Le palefrenier accourut pour prendre les rênes, et nos deux voyageurs le laissèrent conduire le cabriolet aux remises, tandis qu'ils entraient au manoir.

Camille trouva le vestibule encombré de vieilles armures, d'échantillons géologiques et d'herbiers relatifs à la flore alsacienne.

— Tu cherches une *patère* pour ton manteau? dit M. Berton, qui le voyait regarder autour de lui avec une sorte de désappointement; cela serait, en effet, plus utile que mes curiosités; mais passons au salon.

Le salon était orné, depuis les plinthes jusqu'aux corniches, de peintures, de dessins rares ou de médailliers. Le propriétaire voulut faire admirer quelques cadres à son fils; celui-ci s'excusa sur son ignorance.

— Au fait, tout cela n'a pas grande importance, dit M. Berton avec bonhomie; nous sommes de grands enfants que les curiosités amusent; mais je vois avec plaisir que tu as pris la vie par le côté pratique.

— Je le dois à mon oncle Barker, fit observer Camille avec une modestie un peu théâtrale; il se plaignait souvent du temps et des trésors dépensés pour les frivoles merveilles de l'art, et cherchait en vain quel profit l'humanité pouvait tirer d'un papier noirci ou d'une toile peinte.

Ils furent interrompus par l'arrivée d'un domestique qui annonçait le dîner et qui remit à M. Berton un livre nouveau arrivé par la poste : c'était l'œuvre impatiemment attendue d'un poëte favori. Il se mit d'abord à la parcourir; mais s'arrêtant tout à coup et refermant le livre :

— Allons, dit-il, ne vais-je pas retarder ton dîner pour des vers! L'oncle Barker ne me l'aurait point pardonné.

— J'en ai peur! répondit Camille en souriant; car il avait coutume de demander à quoi servent les poëmes.

Le père et le fils se mirent à table, où la conversation continua sur le même sujet. Camille développa librement les opinions qu'il devait à l'oncle Barker; car ce dernier lui avait appris à être sincère; seulement cette sincérité provenait moins, chez le vieil économiste, de l'adoration du vrai, que de l'amour de l'utile. Il respectait la ligne droite, non parce qu'elle était droite, mais parce qu'il la savait courte. Pour lui, le mensonge était un faux calcul, le vice un mauvais placement, la passion une dépense exagérée! En toutes choses l'utilité restait la suprême loi. De là je ne sais quelle aridité même dans les bonnes actions du vieillard; ses vertus ne paraissaient plus que des problèmes bien résolus.

Camille avait adopté la doctrine de son oncle avec l'ardeur que met la jeunesse à accepter l'absolu. Ramenant peu à peu toute chose à cette définitive question : *A quoi cela sert-il ?* son raisonnement (qu'il prenait pour sa raison) avait réduit les devoirs sociaux à des propositions mathématiques. Guéri, comme il le disait, de l'*aliénation mentale appelée poésie*, il avait traité la vie à la manière de ce juif qui gratta un tableau du Titien, afin d'avoir une toile nette et qui fût *bonne à quelque chose.*

M. Berton l'écouta développer ses opinions sans montrer ni mécontentement ni impatience. Il opposa quelques objections que le jeune homme réfuta victorieusement, parut frappé de ses raisons, et ne se sépara de lui qu'après avoir déclaré qu'ils en reparleraient.

Le lendemain et les jours suivants, M. Berton ramena, en effet, l'entretien sur le même sujet, cédant de plus en plus comme un homme que gagne la persuasion. Camille, devenu professeur de son père, s'exaltait dans ce rôle singulier, et redoublait d'éloquence en se sentant triompher. Enfin, obligé de s'absenter pour visiter quelques parents établis dans le voisinage, il laissa M. Berton complétement converti.

Son absence dura huit jours : ce temps avait suffi pour faire épanouir les bourgeons et fleurir la campagne. Lorsqu'il revint, le printemps éclatait partout dans sa jeune splendeur. On voyait les hirondelles nager dans le bleu du ciel avec des cris joyeux, les chants des paysannes s'élevant des lavoirs répondaient à ceux des pâtres égarés dans les friches, et la brise attiédie, qui faisait ondoyer les blés verts, secouait sur tous les chemins les senteurs de l'aubépine, des primevères et de la violette.

Malgré son insensibilité systématique pour toute poésie, Camille ne put échapper complétement à celle de ce réveil de la création. Sans y prendre garde, il se laissa aller aux charmes de la lumière, du chant, des parfums ; une émotion involontaire le gagna, et il arriva au manoir dans une sorte d'enivrement.

Il rencontra son père au milieu du parterre qui servait de cour d'entrée. M. Berton était entouré d'ouvriers auxquels il faisait arracher les fleurs et couper les arbustes. Deux lilas, qui ombrageaient les fenêtres du rez-de-chaussée de leurs touffes embaumées, venaient d'être abattus pour faire des fagots.

Le jeune homme ne put retenir un cri de surprise.

— Ah ! te voilà, dit M. Berton en l'apercevant ; parbleu ! tu arrives à propos ; viens jouir de ton triomphe.

— Mon triomphe ! répéta Camille qui ne comprenait point.

— Ne vois-tu pas que je suis devenu ton disciple ? reprit le propriétaire de Ribeauvillé ; j'ai beaucoup réfléchi à ce que tu m'as dit, mon cher, et j'ai compris que l'oncle Barker et toi vous aviez raison. Il faut retrancher de la vie les choses inutiles. Or, les fleurs et les arbustes sont dans un jardin ce que sont les poëmes dans une bibliothèque ; et, comme tu le disais très-bien, à quoi peut servir un poëme !... à moins que ce ne soit à allumer du feu comme mes lilas. Mais viens, viens, tu verras bien d'autres changements ; j'ai mis à profit ton absence, et j'espère que tu seras content de moi.

En parlant ainsi, M. Berton passa familièrement un de ses bras sous celui de Camille, et le fit entrer au manoir.

Le vestibule avait été débarrassé des curiosités qui le remplissaient autrefois, et on leur avait substitué des garde-cannes, des crachoirs et des porte-manteaux. Au salon, tous les dessins et toutes les peintures étaient également enlevés; et la muraille complétement nue avait été blanchie à la chaux. Des meubles unis et rectangulaires remplaçaient les siéges à la Louis XIII, les bahuts gothiques et les dressoirs renaissance qu'on y voyait auparavant.

M. Berton jeta à son fils un regard rayonnant.

— Eh bien! dit-il, tu ne m'accuseras pas cette fois de sacrifier aux merveilles frivoles de l'art; notre salon n'a plus que ses quatre murs dont personne ne peut contester l'utilité. Nous aurons là maintenant une place toute trouvée pour suspendre nos graines potagères, accrocher nos fusils ou déposer nos sabots.

Camille voulut hasarder quelques objections, mais son père lui ferma la bouche en lui rappelant l'anathème prononcé contre « le papier noirci et les toiles peintes » qui n'avaient jamais été d'aucun profit pour l'huma» nité. »

Les changements, du reste, ne s'étaient point arrêtés au salon; la maison entière avait subi la même transformation. Ce qui n'avait pour but que de plaire avait été impitoyablement sacrifié. Tout avait désormais un usage journalier, positif; l'agréable s'était partout effacé devant le nécessaire!

M. Berton, qui montrait cette nouvelle organisation avec un certain orgueil, avertit Camille qu'il n'en resterait point là. Son parterre détruit allait être transformé en basse-cour, son jardin botanique en parc à fumiers. La nouvelle destination qu'il devait donner à son observatoire n'était point encore arrêtée ; il balançait entre un moulin à vent et un colombier !

Camille, stupéfait de l'exagération de la réforme, mais arrêté par les principes qu'il avait professés lui-même, s'abstenait d'applaudir, ne pouvant blâmer.

Voulant enfin sortir d'embarras en parlant d'autre chose, il demanda s'il ne lui était point arrivé de lettres d'Angleterre.

— Je crois bien qu'on en a présenté, dit son père, mais comme tu n'as là-bas aucune affaire, j'ai donné ordre de les refuser.

— Que dites-vous? s'écria Camille ; j'attendais des nouvelles d'un de mes meilleurs amis qui avait promis de me tenir au courant de la question d'Irlande !

— Bah ! reprit M. Berton avec indifférence ; quel plaisir peux-tu trouver à t'occuper de choses qui sont hors de ta portée ? L'Irlande n'est-elle point pour toi ce qu'étaient pour moi les astres? « Ses révolutions ne te » rapportent rien et tu n'y peux rien changer. »

— Mais j'ai l'intérêt de mes sympathies! objecta le jeune homme.

— Peuvent-elles te servir ou servir à l'Irlande? demanda tranquillement M. Berton ; penses-tu que tes prévisions influent sur sa destinée, que tes vœux lui soient de quelque secours?

— Je ne dis pas cela?

— La dépense de ports de lettres n'est donc utile à personne? Le reconnaître, c'est la condamner toi-même.

Camille se mordit les lèvres, il était battu par ses propres armes et se trouvait d'autant plus irrité de l'être. Cette rigoureuse application de ses doctrines avait l'air d'un châtiment. Il prit de l'humeur, et, sans attaquer les principes, il se mit à critiquer en détail les changements projetés ou accomplis; mais M. Berton avait tout prévu et trouvait réponse à tout; enfin Camille, à bout d'objections, prétendit que le parterre ne pouvait convenir à sa nouvelle destination, et qu'une basse-cour devait être pavée. Son père se frappa le font.

— Parbleu! tu as raison, s'écria-t-il, j'ai justement pour cela ce qu'il me faut, des dalles de six pieds.

— Où cela? demanda le jeune homme.

— Dans le petit cimetière de la chapelle, il y a les pierres tombales de notre famille qui ne servent à rien...

— Et vous voulez en faire des pavés? s'écria Camille.

— Pourquoi pas? Tiendrais-tu par hasard à de vieilles pierres, et t'intéresserais-tu à des générations éteintes?

— Ah! c'en est trop! s'écria Camille, vous ne parlez pas sérieusement, mon père! vous ne pouvez croire que les instincts, les goûts, les sentiments doivent être soumis à l'arithmétique grossière de l'intérêt; vous ne pouvez vouloir que l'âme humaine devienne un livre en partie double où les chiffres seuls décident. Je comprends tout maintenant; ceci est une leçon.

—Ou plutôt un exemple, dit M. Berton en prenant la

main de son fils. J'ai voulu te montrer où conduisent les doctrines de l'oncle Barker, et dans quel dénûment laissait l'abondance des seules choses utiles. N'oublie jamais la sainte parole que tu as entendu répéter dans ton enfance : *L'homme ne vit point seulement de pain,* c'est-à-dire de ce qui est nécessaire à sa vie matérielle ! Il lui faut de plus tout ce qui nourrit l'âme ; il a besoin de la science, des arts, de la poésie ! Ce que vous appelez les choses inutiles sont précisément celles qui donnent du prix aux choses utiles ; celles-ci entretiennent la vie, les autres la font aimer. Sans elles le monde moral deviendrait semblable à une campagne sans verdure, sans fleurs et sans oiseaux. Une des sérieuses différences qui distinguent l'homme de la brute est précisément ce besoin d'un superflu immatériel. Il prouve nos aspirations plus élevées, notre penchant vers l'infini, et l'existence de cette portion de nous-mêmes qui cherche sa satisfaction au delà du monde réel, dans les suprêmes joies de l'idéal.

DOUZIÈME RÉCIT

LES DÉSIRS

Antoine Lireux, fermier des Jonchères, était debout devant sa maison, dont il examinait la toiture de chaume avec un air soucieux.

— V'là déjà la mousse qui a regarni le faîte, murmurait-il ; la verdure va gagner partout, et les greniers redeviendront humides comme des caves ; mais ceux de la ville trouvent que c'est bien toujours assez bon pour des paysans.

— Qu'appelez-vous *ceux de la ville*, mon cher? demanda une voix derrière lui.

Le fermier retourna brusquement la tête, et se trouva en face du propriétaire, M. Favrol, qui arrivait et avait entendu sa réflexion chagrine. Il salua d'un air un peu déconcerté.

— Je ne savais pas not' maître là, dit-il, sans répondre à la question de son interlocuteur.

— Mais vous pensiez à lui, n'est-il pas vrai? répliqua M. Favrol en souriant. Je vois que vous serez toujours le même, mon pauvre Antoine, ne voyant dans les rosiers que les épines et dans la vie que les ennuis.

Lireux hocha la tête.

— Notre maître parle à son aise, dit-il sourdement, lui qui est assez riche pour faire tout ce qui lui plaît.

— Parce qu'il me plaît de ne faire que ce que je puis, fit observer le propriétaire; mais limiter ses souhaits selon ses forces est une règle de conduite qu'on a peut-être oublié de mettre dans votre catéchisme.

— Aurait mieux valu ne pas oublier de mettre dans ma poche un bon contrat de rente, répliqua le paysan. Faut pas non plus reprocher trop fort aux pauvres gens leurs désirs, parce qu'ils n'ont pas moyen de les contenter. Il me semble qu'on peut bien, sans trop fatiguer le bon Dieu, demander un toit qui laisse couler l'eau et n'attire pas la vermine, comme ce chaume maudit.

— C'est-à-dire que vous revenez toujours à votre idée d'avoir une couverture en tuiles?

— Si bien que si j'étais moins gueux je la ferais faire

à mes dépens, et j'y gagnerais encore, vu que l'habitation serait plus saine et mes blés mieux gardés.

— Mais vous, mon cher, seriez-vous plus content

— Je ne demanderais rien autre chose au bon Dieu, ni à notre maître.

— Parbleu, j'en aurai le cœur net, dit M. Favrol. Bien que je regarde la dépense comme peu profitable pour vous et comme inutile pour moi, je veux m'assurer s'il y a moyen de vous satisfaire. Vous aurez la couverture de tuiles, maître Antoine, et, dès le retour du beau temps, j'envoie les ouvriers.

Lireux, surpris de cette concession inattendue, remercia son maître avec effusion, et, dès qu'il l'eut quitté, il rentra pour annoncer à sa famille cette bonne nouvelle.

Une partie du jour fut employée par lui à examiner les conséquences de cette transformation de toiture. Outre le nouvel aspect qu'elle donnait à la ferme, il devait en résulter, dans l'aménagement des greniers, de sérieux avantages; mais Antoine s'aperçut bientôt qu'on pouvait les doubler en exhaussant un peu les murs sur lesquels reposait la charpente. Cette découverte changea complétement le cours de ses idées. Il ne songea plus qu'à cet agrandissement et qu'au profit qu'il en devait tirer. Sans cette modification, la nouvelle toiture n'était qu'un changement dépourvu d'importance; autant valait laisser les choses comme par le passé !

Voilà donc notre paysan retombé dans ses humeurs noires, et déplorant avec amertume le manque d'argent qui l'arrêtait sans cesse dans l'exécution de tous ses plans. Comme il fut obligé de se rendre, pour le payement de son fermage, chez M. Favrol, celui-ci remarqua son air soucieux et lui en demanda la raison. Après avoir hésité quelque temps, Lireux avoua sa nouvelle préoccupation.

— C'est pas une demande, au moins, que je fais à notre maître, continua-t-il ; c'est bien assez qu'il m'ait promis d'enlever le chaume ; il n'y était pas obligé, et les pauvres gens n'ont droit qu'à ce qui leur est dû.

— Vous pouvez ajouter qu'ils ont cela de commun avec les gens riches, reprit M. Favrol ; mais je vois que vous êtes difficile à guérir de votre mécontentement ; un désir accompli, il en naît un second. Je veux pourtant essayer la cure ; nous exhausserons les murs du grenier.

Pour cette fois, le fermier déclara qu'une pareille promesse comblait tous ses vœux, et regagna gaiement les Jonchères.

Quelques jours après, un entrepreneur envoyé par M. Favrol vint examiner les travaux à exécuter. Antoine lui demanda, dans la conversation, ce que l'on ferait de la vieille charpente.

— Rien, je suppose, dit l'entrepreneur : ce sont des bois pour constructions rustiques, et qui ne sont capables de soutenir que du chaume ; on pourrait, tout au plus, les employer à une grange.

— Précisément la nôtre est trop petite, dit le fermier.

— Et vous avez un emplacement pour une plus grande ?

— Juste à la porte des écuries ; il suffirait de prendre sur le jardinet. Je vas vous montrer ça, venez.

Tous deux allèrent visiter le terrain, que l'entrepreneur ne manqua point de trouver admirablement approprié à une nouvelle bâtisse. Il indiqua à Lireux tous les avantages qu'il y aurait à établir là de vastes hangars, en agrandissant un peu les étables et en creusant une fosse pour les fumiers. Antoine adopta le projet avec enthousiasme. C'était le moyen de compléter les améliorations entreprises, de donner à la ferme une supériorité visible sur toutes celles du voisinage, et d'utiliser la vieille charpente que l'on voulait remplacer. Sans ce complément de dépense, les changements entrepris ne donneraient point des résultats proportionnés aux frais, et M. Favrol devait s'y résoudre dans son propre intérêt.

Lireux ajouta seulement qu'il n'osait faire lui-même la demande.

— On me reprocherait encore de n'en avoir jamais assez, dit-il, et on ne comprendrait pas que ce que j'en dis c'est pour la ferme autant que pour moi. Si j'avais de quoi, j'aurais bientôt bâti sans demander à personne ; mais les pauvres gens sont obligés de rester sur leurs bonnes idées.

— Ne vous inquiétez de rien, dit l'entrepreneur, qui ne comprenait pas qu'on pût employer de l'argent à autre chose qu'à bâtir ; j'en parlerai au bourgeois, et faudra bien qu'il se décide.

Antoine l'encouragea vivement, et le pria de lui faire connaître, le plus tôt possible, la réponse du propriétaire.

Resté seul, il se mit à ruminer les idées du maître

maçon, qui étaient déjà devenues les siennes, et à calculer tout ce que ces constructions lui apporteraient de profit. Grâce au hangar, il pourrait substituer le battage d'hiver au battage d'été ; l'accroissement des étables lui permettrait d'augmenter le nombre des bêtes à l'engrais, et la fosse à fumier utiliserait l'écoulement des ménageries. Évidemment, ces travaux, auxquels il n'avait point d'abord pensé, étaient des additions indispensables ; s'il ne les avait point réclamées jusqu'alors, c'était par suite de sa répugnance à se plaindre ; mais M. Favrol ne pourrait les refuser sans dureté et sans injustice.

Cependant plusieurs jours se passèrent, et il n'entendit point parler de l'entrepreneur. Son impatience était devenue de l'angoisse. Il se rendit chez le maître maçon, qui habitait un village assez éloigné, mais il ne put le rencontrer. Il revint plus inquiet. Selon toute apparence, M. Favrol avait refusé ; il ne devait plus compter sur cet accroissement de dépendances ; il fallait continuer à recourir aux expédients, et manquer de s'enrichir faute d'un peu d'argent chez lui ou d'un peu de bonne volonté chez les autres.

Lireux était tout entier au dépit de ces réflexions, lorsqu'il s'entendit appeler par son nom. C'était l'entrepreneur qui venait de l'apercevoir du haut d'un échafaudage où il surveillait ses ouvriers.

— Eh bien ! l'affaire est faite, père Antoine ! s'écria-t-il.

— Quelle affaire ? demanda le fermier, qui n'osait deviner.

— Parbleu ! celle de la grange et de l'écurie.

— Notre maître consent ?

— Nous commencerons tout le mois prochain.

— Venez donc me raconter ça en buvant un petit verre ! s'écria Antoine joyeux ; faut que vous me disiez comment tout s'est passé.

Le maître maçon quitta l'échafaudage et vint rejoindre Lireux à l'auberge. Antoine apprit là que le propriétaire des Jonchères s'était contenté de rire, sans faire aucune objection, et qu'il avait demandé à l'entrepreneur un devis détaillé de tous les changements à effectuer.

Antoine reprit la route de la ferme complétement rassuré. Dès son arrivée, il alla visiter encore l'emplacement destiné aux nouveaux bâtiments, distribuant tout d'avance pour la plus grande commodité du service. L'ancienne entrée devenant impossible dans le nouveau plan, il fallait établir un passage à travers le jardin : c'était une haie à couper et un fossé à combler : il décida qu'il le ferait à ses frais et sans en parler à M. Favrol. Mais cette disposition enlevait à la culture une partie du petit jardin, déjà réduit par la construction du hangar ; c'était pour lui une perte dont le propriétaire des Jonchères ne pouvait lui refuser le dédommagement. Un terrain sans destination se trouvait justement de l'autre côté de la route ; le père Lireux jugea qu'il pouvait le réclamer à titre de compensation. Il se rendit, en conséquence, chez M. Favrol, sous prétexte de savoir l'époque des réparations annoncées.

— Eh bien ! bonhomme Lireux, dit le propriétaire en l'apercevant, j'espère que vous êtes satisfait ?

— Les pauvres gens n'ont pas droit de se plaindre

quand le pain ne leur manque pas, répondit Antoine avec réserve.

— C'est un précepte d'une résignation toute chrétienne, reprit M. Favrol; mais il me semblait, maître Antoine, que vous aviez quelques autres sujets de satisfaction. Ne vous ai-je pas accordé tout ce que vous m'avez demandé, y compris de nouveaux bâtiments de service?

— Je suis bien obligé à notre maître, dit le fermier assez froidement; mais notre maître sait que les laboureurs vivent de la terre, et leur ôter quelques sillons, c'est comme si on leur prenait un morceau de leur pain.

— Et qui prétend donc vous en ôter? demanda M. Favrol.

— Faites excuse, dit Antoine un peu embarrassé, c'est la grange de notre maître et le passage pour y arriver qui mangent une partie du jardin. Je ne suis pas fait pour m'en plaindre; mais si notre maître voulait me permettre de cultiver le petit *brin* de terre qui est vis-à-vis la ferme, ça nous ferait un dédommagement.

— Ah! fort bien! reprit M. Favrol en regardant le fermier; il me semble que ce petit *brin* de terre a environ un arpent!

— Je ne pourrais pas dire, répliqua Lireux d'un air d'innocence, je ne l'ai jamais mesuré; mais c'est quelque chose pour de pauvres gens comme nous, tandis que ce n'est rien pour notre maître.

— Un moment, dit le propriétaire; il faut compter, mon cher. Voici le devis de ce que vous m'avez successivement demandé : il monte à deux mille quatre cent trente francs. Ajoutons l'arpent de terre, ce sera environ trois mille cinq cents francs de désirs satisfaits en moins d'un mois ! A ce calcul, il faudrait, pour contenter « un pauvre homme » comme vous, maître Antoine, quarante mille livres de rente, c'est-à-dire moitié plus que je ne possède. Encore ne seriez-vous point heureux ; car, depuis la promesse faite pour la toiture de votre ferme, vous avez passé d'un souhait à un autre, toujours aussi inquiet et aussi plaintif. Vous le voyez donc, la richesse ne peut rien pour celui qui ne sait pas borner sa joie à ce qu'il a. Les anciens parlaient, dans leur fable, des filles d'un roi qui étaient condamnées, aux enfers, à remplir un tonneau sans fond ; voilà précisément ce que vous voulez faire, vieil Antoine. Le bonheur après lequel vous courez vainement depuis votre jeunesse ne se rencontre point où vous croyez ; il n'est ni dans la richesse, ni dans la puissance, ni dans rien de ce qui se meut autour de notre vie ; Dieu l'a mis plus à notre portée ; *il l'a mis en nous-mêmes !*

TREIZIÈME RÉCIT.

UN ONCLE MAL ÉLEVÉ

— C'est lui! c'est Tribert! s'écria madame Fourcard, en apercevant dans la rue un voyageur suivi du commissionnaire qui portait ses malles.

Et, courant à la porte, elle l'ouvrait vivement à l'instant même où le capitaine étendait la main vers la chaîne de la sonnette.

Madame Fourcard serra dans ses bras le vieux marin, avec des exclamations et des larmes de joie.

Depuis dix années qu'elle ne l'avait revu, elle chercha avec une sorte d'inquiétude les changements opérés dans toute sa personne. Son front s'était un peu plissé, ses cheveux avaient légèrement blanchi ; mais, à tout prendre, le capitaine n'avait pas, comme il le dit lui-même, *subi trop d'avaries dans ses œuvres vives.* Il avait toujours l'œil clair, la bouche souriante, les traits épanouis. Rien qu'à le voir, on se sentait pris pour lui d'une amitié involontaire. C'était une de ces physionomies que l'on accueille, comme le soleil d'hiver, avec un sentiment de bien-être et de bonne volonté.

Quant à madame Fourcard, ces dix années lui avaient été plus pesantes. Les tristesses du veuvage et les inquiétudes de la maternité avaient flétri cette seconde fleur qui embellit l'automne de certaines femmes. On aurait cherché vainement sur son visage les traces fugitives d'une beauté qui avait eu son éclat et ses triomphes. Éprouvée par la vie, elle était devenue bientôt vieille, et elle avait cessé d'être femme pour être plus complétement mère.

Après les premières émotions d'un retour si longtemps différé et si longtemps attendu, madame Fourcard, qui avait conduit son frère dans la chambre préparée pour lui, voulut le quitter afin qu'il pût prendre quelque repos ; mais le marin lui parla de son fils, et la mère, arrêtée malgré elle, s'assit pour lui répondre.

Ceci demande une explication qui nous oblige à suspendre un instant notre récit pour retourner en arrière.

Privée de son mari qui lui fut subitement enlevé, et restée seule avec un enfant en bas âge, la sœur de Tribert avait reporté toutes ses espérances sur cet enfant. Trouvant dans l'accomplissement de ses devoirs de mère l'unique consolation permise à ses regrets d'épouse, elle résolut de ne jamais se séparer de son fils et de lui donner sa vie entière. Il y a dans le cœur des femmes une sève naturelle qui se communique à toutes les aspirations et les pousse aisément à l'extrême. Jeunes filles, elles rêvent dans celui qui doit un jour leur donner son nom des mérites impossibles; jeunes mères, elles dotent d'avance leurs enfants de toutes les perfections que les vieux contes accordent aux filleuls des fées. Madame Fourcard ne fut point plus sage que les autres : elle décida que son fils Auguste prendrait rang parmi les hommes d'élite qui parsèment de loin en loin la foule, comme les étoiles constellent les cieux; et, pour arriver plus sûrement à ce résultat, elle fit de l'enfant prédestiné le but de toutes ses actions et de toutes ses pensées. Devenu pour elle le centre du monde, Auguste s'habitua à voir chaque chose s'arranger à son profit ou à son plaisir. Tout ce qui entourait la veuve était mis à contribution pour lui; l'estime et l'amitié que l'on accordait à la mère retournaient en complaisances ou en tendresses au fils. Bien venu de tous *par droit d'héritage*, il s'accoutuma à recevoir les plus précieux bienfaits de la vie comme de vulgaires faveurs. Dans son aveuglement, madame Fourcard courait devant lui, écartait toutes les pierres qui auraient pu le faire trébucher, brisait de sa main les épines auxquelles il eût laissé quelques lambeaux, lui faisant de son corps un pont sur les précipices ; et le jeune homme, qui ne remarquait point un dévouement passé en habitude, continuait sa route sans soupçonner ce qui avait été fait pour la lui rendre facile.

Sa mère avait voulu jouer le rôle de la Providence, et était payée, comme elle, par l'inattention et l'oubli.

Elle commençait à le sentir douloureusement, mais sans oser l'avouer aux autres. L'honneur de l'enfant est encore plus celui de la mère elle-même. Comment accuser Auguste de torts de caractère que l'on eût pu prendre pour de l'ingratitude ? Nul ne savait comme elle ce qu'il y avait sous ces défauts ; les trahir, c'était exposer le jeune homme à un injuste arrêt.

Aussi, lorsque son frère l'interrogea, n'appuya-t-elle que sur les qualités réelles et sérieuses de son fils. Heureuse de prolonger en sa faveur un plaidoyer qui la persuadait elle-même, elle avait oublié la fatigue du voyageur, lorsqu'un bâillement involontaire de ce dernier la lui rappela.

— Allons, je suis folle de vous retenir là après deux nuits de fatigue et d'insomnie, dit-elle en se levant ; nous aurons le temps de parler d'Auguste, puisque vous ne nous quittez plus ; et, en tout cas, vous le jugerez vous-même. Dormez, mon frère ; à votre réveil, j'espère que notre écolier sera de retour.

Elle embrassa de nouveau le marin, qui se jeta tout habillé sur un divan et ne tarda pas à s'y endormir.

Lorsqu'il rouvrit les yeux, le jour était déjà à son déclin, et les rayons du soleil couchant empourpraient les rideaux de l'alcôve. Rafraîchi par le sommeil, mais encore plongé dans cette espèce d'engourdissement voluptueux qui suit le réveil, Tribert se mit à regarder autour de lui et à prendre connaissance de la chambre qui lui était destinée.

Tout y révélait la tendresse attentive de madame Fourcard. Les meubles étaient ceux qui avaient garni la chambre de leur père, et semblaient rappeler au vieux marin son enfance. Une bibliothèque renfermait le petit nombre de livres qu'il avait autrefois rassemblés; des cartes de géographie qui tapissaient les murailles lui montraient les mers parcourues par lui; un petit navire, œuvre de son adolescence et témoignage éloquent de sa vocation maritime, était suspendu au plafond; enfin, au-dessus même du canapé, était dressée une panoplie d'armes curieuses recueillies dans ses voyages et autrefois envoyées à M. Fourcard.

Il examinait l'un après l'autre tous les détails de cet aménagement, qui témoignaient si haut de l'intelligente affection de sa sœur, lorsque la voix de celle-ci se fit entendre dans la pièce voisine; elle était entrecoupée par une autre voix plus jeune et plus haute dans laquelle Tribert reconnut sans peine la voix de son neveu.

La mère semblait faire à ce dernier quelque remontrance à laquelle il répondait avec la brusquerie d'une personne accoutumée à trouver dans son interlocuteur toute sorte de douceur et d'indulgence.

— Je n'irai pas! répétait-il d'un ton d'humeur obstinée trop ordinaire aux enfants qu'a gâtés la patience de leur mère.

— Vous n'y songez point, Auguste, reprit madame Fourcard d'un ton d'insistance affectueuse; mademoiselle Lorin compte sur vous pour la conduire à cette soirée. Sans l'arrivée de votre oncle, je vous aurais épargné un pareil ennui; mais je ne puis le quitter ainsi dès le premier jour.

— Eh bien! moi aussi j'ai envie de le voir, dit Auguste brusquement; que mademoiselle Lorin se fasse conduire par son cousin.

— Vous savez bien qu'il est absent.

— Alors, qu'elle reste chez elle.

— Ce que vous dites là est dur, Auguste. Ignorez-vous que cette excellente fille n'a d'autre plaisir que sa partie de boston, et qu'à son âge une habitude est un besoin?

— Que m'importe? dit le jeune garçon, toujours plus maussade; ai-je donc quelque obligation envers mademoiselle Lorin?

— Mais j'en ai, moi, reprit madame Fourcard vivement; elle m'a enseigné le peu que je sais; elle m'a aidée, dans toutes les circonstances difficiles, de ses conseils et de ses encouragements; c'est pour moi comme une sœur aînée, presque comme une mère. Vous le savez, Auguste, et vous devez m'aider à payer ma dette de reconnaissance.

— Dites que vous prenez plaisir à vous créer des devoirs, répliqua le jeune garçon; c'est la manie des femmes de se passer au cou des colliers de servitude et de se souder au pied des chaînes qu'il faut les aider à porter.

— Vous oubliez, mon fils, que les plus lourdes ne m'ont point été imposées par mademoiselle Lorin! dit la mère blessée.

— C'est-à-dire alors que c'est par moi! s'écria Auguste aigrement.

— Vous m'obligez à vous rappeler qu'aucun devoir ne m'a semblé pénible quand il s'est agi de vos intérêts.

— Et afin de le mieux prouver, vous me reprochez ce que vous avez fait.

— Auguste! interrompit madame Fourcard avec impatience, il n'y a ni justice ni bon sens dans ce que vous dites là.

— Alors, n'en parlons plus! répliqua-t-il en faisant un mouvement pour sortir.

— Vous irez chercher mademoiselle Lorin?

— Non.

— Rappelez-vous que je l'exige, que je le veux!

— Je n'irai pas! cria l'écolier avec une obstination emportée.

Et, repoussant violemment la porte du salon, il s'élança dans l'escalier, qu'il monta en chantant à pleine voix, comme pour braver le mécontentement de madame Fourcard.

Celle-ci s'était assise toute tremblante; et l'oncle Tribert, en approchant son œil du trou de la serrure, vit qu'elle pleurait.

La scène dont il venait d'être l'invisible témoin lui en avait plus appris sur le fils et la mère que toutes les lettres écrites par cette dernière depuis dix années. Il savait maintenant quel avait été le résultat de ce dévouement sans bornes de madame Fourcard pour son unique enfant. Prévenu dans ses moindres désirs, Auguste s'était accoutumé à les imposer; l'esclavage volontaire de la mère avait amené la tyrannie irrespectueuse du fils.

Le premier mouvement du capitaine se ressentit de ses habitudes navales : il fut sur le point de sortir pour aller prendre son neveu par les oreilles et le ramener faire des excuses à la pauvre mère; heureusement la réflexion l'arrêta. Embarqué à quinze ans, l'oncle Tribert avait peu d'études; mais la pratique de la vie et les méditations des heures de quart lui avaient donné l'expérience de l'âme humaine. Il savait que les mauvaises habitudes sont des vents contraires qu'on ne peut vaincre qu'en louvoyant. Il réprima donc sa première impatience, réfléchit sur la meilleure manœuvre à faire, et ne sortit de sa chambre qu'après s'être décidé et avoir orienté ses voiles pour naviguer sûrement.

Il trouva madame Fourcard à peu près remise de l'émotion causée par la révolte de son fils, d'où il conclut que ce n'était point pour elle une chose nouvelle. L'irritation d'Auguste se montra plus persistante. Mécontent de lui-même, il traduisait, comme tous les caractères mal faits, son repentir en mauvaise humeur. Lorsqu'il descendit pour embrasser son oncle, ce fut avec un certain embarras maussade et plein de roideur. Après l'échange obligé de questions et de réponses qu'entraîne une première entrevue, il alla se jeter sur une causeuse où il commença à se ronger les ongles en silence.

Madame Fourcard, craignant l'impression d'une pareille conduite pour l'oncle Tribert, s'efforça d'adoucir l'humeur bourrue du jeune garçon par quelques avances enjouées ; mais, comme il arrive ordinairement en pareil cas, sa longanimité ne fit que l'aigrir. Un pardon que nous n'avons point mérité par le repentir est presque une insulte ; il ajoute au sentiment de nos torts celui d'une générosité qu'il nous faut subir. Aussi Auguste n'accueillit-il l'indulgence de sa mère que par un redoublement de dépit. Au lieu d'y répondre, il prit un journal qu'il se mit à parcourir en bâillant.

Madame Fourcard, à bout de patience, lui fit observer sèchement que son salon n'était pas un cabinet de lecture.

— J'avais cru que cette gazette était là pour qu'on s'en servît, répliqua le jeune homme avec une brièveté rogue.

— Mais nous y sommes également, reprit la mère, et j'aime à croire que notre compagnie vaut celle du journal.

Auguste s'inclina ironiquement.

— J'ignorais qu'il fallût être seul pour choisir ses distractions, dit-il.

— Vous manquez à votre oncle, monsieur ! s'écria madame Fourcard emportée malgré elle.

Le jeune garçon tressaillit et parut un instant déconcerté ; mais, tâchant de se remettre :

— Mon oncle ne veut point, sans doute, que nous vivions ici, comme à la cour, esclaves de l'étiquette, dit-il, et, en sa qualité de marin, il doit trop tenir à son indépendance pour gêner celle des autres.

— Pardieu, tu m'as compris, mon petit ! s'écria Tribert, qui avait jusqu'alors écouté le débat avec un sourire insouciant. Que chacun vive à sa fantaisie et que les mécontents aillent au diable ! voilà ma doctrine sociale. Lis, chante, danse, parle ou tais-toi : c'est ton affaire, et je m'en soucie comme du grand lama. Fais ce qui te plaît, pourvu que tu me laisses la même liberté.

— Oh ! quant à cela, ne craignez rien, dit Auguste en jetant un regard de triomphe à sa mère ; je ne suis pas de ceux qui veulent faire marcher le monde entier à leur pas, et je laisse, comme on dit, *chacun manger avec sa cuiller*.

— Alors, allons dîner ! interrompit le capitaine ; la voiture m'a donné une faim de requin.

Il prit son neveu par les épaules, et le fit passer avec lui dans la salle à manger.

Madame Fourcard les suivit, aussi surprise que mortifiée. Le ton et les principes de son frère étaient pour elle une nouveauté qui bouleversait tous ses souvenirs.

Mais ce fut bien autre chose quand elle le vit à table, se servant les meilleurs morceaux sans s'occuper de ses voisins, interrompant ou ne répondant pas, donnant des ordres à la servante, critiquant le service, en un mot, s'abandonnant sans réserve à ses moindres caprices. De retour au salon, il choisit le fauteuil le plus commode, étendit ses pieds crottés sur une chauffeuse de velours, et alluma sa pipe.

Madame Fourcard, que l'odeur du tabac incommodait, fut obligée de s'enfuir.

Auguste s'était d'abord diverti du sans-gêne de l'oncle Tribert et avait ri de ses boutades ; cependant la naïveté de cet égoïsme, amusante un instant, ne tarda pas à lui causer un malaise qui dégénéra en impatience. Il voulut faire sentir au vieux marin que ses manières, de mise peut-être dans la cabine d'un vaisseau, ne convenaient point également aux habitudes d'une maison mieux ordonnée et plus élégante. Il espérait avoir été compris du capitaine, dont la pipe s'était éteinte, et qui, renversé dans son fauteuil, semblait écouter, lorsqu'un ronflement égal et sonore lui fit connaître le résultat de son éloquence.

Le jeune garçon se leva et regagna sa chambre, singulièrement désenchanté de l'oncle Tribert.

Le lendemain, au moment où il se levait, le bruit d'un débat furieux frappa son oreille. Il se hâta de descendre, et trouva le marin aux prises avec la vieille Rose qui avait oublié de cirer ses chaussures.

Le capitaine exaspéré repassait tout le répertoire de malédictions dont Vert-Vert scandalisa autrefois les nonnes qui l'avaient élevé, et la servante ahurie levait les mains au ciel en poussant des exclamations de détresse.

Madame Fourcard, attirée comme son fils par le fracas de la querelle, tâchait en vain de s'entremettre et d'apaiser Tribert ; celui-continuait sa litanie nautique, avec des grondements de voix et des accompagnements de gestes qui surprirent d'abord Auguste, puis l'irritèrent. Il prit par le bras la vieille Rose qui s'obstinait dans ses explications, l'obligea doucement à rentrer dans sa cuisine, puis revint au salon.

Il y trouva sa mère qui cherchait à justifier sa servante

en faisant valoir son zèle, sa probité et les longs services qu'elle avait rendus à la famille.

— Eh bien! après? criait Tribert; est-ce à moi qu'elle les a rendus, ces services? Que m'importent les qualités qu'elle a eues? Le plus fin voilier de la flotte est démoli quand il devient trop vieux. On a des domestiques pour être servi, et non pas pour faire de la reconnaissance.

— Mon oncle ne voudrait point, pourtant, qu'on mît sur le pavé une brave fille qui a vu ma mère presque enfant, et qui m'a élevé! objecta le jeune homme avec quelque vivacité.

— Si vous ne voulez point la mettre sur le pavé, placez-la à l'hôpital! répliqua Tribert brusquement.

La mère et le fils se récrièrent.

— Chez le diable alors! continua le capitaine en colère; mais pas ici, où il faut une tête et des bras. Je vois que ma sœur n'a pas perdu la manie de se créer des devoirs quand elle ne devrait avoir que des droits; mais il faudra que cela change, ou bien, tonnerre! je saurai pourquoi.

Auguste et madame Fourcard se regardèrent. L'impatience du premier tournait à l'aigreur; il répondit à demi-voix par une réflexion sur la liberté qu'avait chacun de régler sa maison selon sa fantaisie. Mais l'oncle Tribert parut prendre la maxime pour une approbation: il y applaudit, répéta qu'il saurait bien se faire servir, et finit par demander le déjeuner.

Pendant qu'on avertissait Rose de se hâter, il alluma sa pipe et se mit à faire les cent pas dans le salon, en crachant à chaque tour, selon l'habitude des fumeurs.

Madame Fourcard suivait d'un regard désespéré cette désastreuse promenade, qui substituait à l'élégante propreté dont elle avait fait une de ses joies, le désordre et les souillures de la tabagie. Auguste, qui devinait la contrariété de sa mère, en ressentait le contre-coup et avait peine à cacher son irritation. Le silence se prolongeait depuis quelques minutes, lorsque le marin s'arrêta devant un tableau qui occupait dans le salon la place la plus apparente.

— C'est le portrait de Fourcard? demanda-t-il en lançant vers la peinture un tourbillon de fumée.

Sa sœur répondit affirmativement.

Tribert regarda encore la toile.

— Ce brave beau-frère, il était bien laid! reprit-il tranquillement.

La veuve et Auguste tressaillirent. Accoutumés à entourer la mémoire du mort d'un respect passionné, ils furent en même temps frappés au cœur par la remarque grossière du marin.

— C'est la première fois que j'entends juger ainsi les traits de mon père, dit vivement le jeune garçon, et je m'étonne surtout que ce soit par vous, qui l'avez assez connu pour retrouver son âme sur son visage.

— Oui, oui, reprit le capitaine avec indifférence; c'était, après tout, un bon diable, et il ne faut pas lui en vouloir si Dieu l'avait placé dans la catégorie des innocents.

— Monsieur! s'écria Auguste, qui s'était levé pâle de colère.

Madame Fourcard lui saisit la main.

— Venez, mon fils, dit-elle avec une dignité douloureuse ; puisqu'on ne comprend point ce qu'on doit aux morts, sachons au moins ce que nous devons à nous-mêmes.

Et, sans permettre au capitaine d'en dire davantage, elle entraîna Auguste et sortit avec lui.

Tribert déjeuna seul; mais, en rentrant dans sa chambre, il trouva son neveu qui l'y attendait.

Bien que troublé, le jeune garçon avait l'air résolu.

— Ah! ah! c'est toi, dit l'oncle en riant; nous ne sommes donc plus fâchés?

— Plus bas, je vous en prie! interrompit Auguste d'une voix émue ; je ne voudrais pas que ma mère nous entendît.

— Il s'agit, alors, d'un secret? demanda le marin.

— Il s'agit d'un devoir, répondit sérieusement Auguste ; votre titre et mon âge en rendent l'accomplissement difficile, mais le repos de ma mère doit passer avant tout.

— Est-ce qu'elle aurait à se plaindre de quelqu'un, par hasard? dit Tribert.

— Elle a à se plaindre... de vous ! répliqua le jeune garçon, dont la voix tremblait; de vous, qui avez froissé successivement tous ses goûts et toutes ses affections.

— Moi! s'écria le capitaine, et comment cela?

— En vous conduisant chez elle comme à bord d'un corsaire ! reprit plus vivement Auguste ; en vous emportant contre une vieille femme que nous aimons; en insultant à la mémoire de mon père ! Depuis hier, vous avez montré sous un tel jour votre esprit, votre caractère et votre cœur, qu'il est impossible à ma mère de subir plus longtemps votre présence.

L'oncle Tribert, qui se promenait, s'arrêta court et regarda le jeune garçon en face.

— Alors, vous venez me déclarer que je dois chercher un gîte ailleurs? dit-il.

Auguste garda un silence qui équivalait à une réponse affirmative.

— A la bonne heure ! continua Tribert sérieusement; mais puisque nous en sommes à nous dire la vérité, j'aurai un petit compte à régler avec vous. — Et d'abord, en quoi mes manières ont-elles pu vous choquer, vous qui m'avez accueilli hier, ici, en lisant le journal, et qui avez applaudi à la maxime que chacun devait agir, à sa fantaisie, sans s'inquiéter des autres?

Auguste fit un mouvement et essaya de balbutier une excuse.

— Vous vous plaignez de ma conduite envers votre vieille servante, ajouta le marin dont la voix s'élevait; mais quelle a été la vôtre envers l'institutrice de votre mère? Ne lui avez-vous point refusé hier un simple témoignage de complaisance? Ne vous êtes-vous point récrié contre l'obligation d'acquitter les dettes de gratitude contractées par les autres? Pourquoi me regarderais-je comme plus obligé envers Rose que vous ne pensez l'être envers mademoiselle Lorin?

Le jeune homme voulut encore interrompre.

— Écoutez-moi jusqu'au bout, continua Tribert, toujours plus sérieux : vous m'accusez de n'avoir point respecté votre père mort; avez-vous mieux respecté votre mère vivante? Or, lequel de nous deux, dites-moi, était tenu à plus de réserve, de tendresse et de vénération? Depuis que je suis ici, mes actes et mes paroles vous indignent; que penser alors des vôtres? J'ai été maussade avec des égaux, vous vous êtes montré grossier avec des supérieurs; je me suis mis en colère contre une servante qui avait négligé son devoir, vous, contre une mère qui vous rappelait le vôtre; j'ai manqué de respect au mari de ma sœur, et vous à celle qui vous a donné la vie! Lequel de nous deux vous semble avoir donné la plus mauvaise idée de son esprit, de son caractère et de son cœur?

A mesure que le capitaine parlait, le mécontentement d'Auguste faisait place à l'embarras et à la confusion. La leçon qu'il avait voulu donner tournait contre lui d'une manière si imprévue, qu'il en demeura étourdi. Les murmures de sa propre conscience appuyaient d'ailleurs les paroles de l'oncle Tribert. Il comprit tout à coup quelle avait été l'intention de ce dernier, il baissa la tête, vaincu par le sentiment de son tort.

Le vieux marin comprit ce qui se passait dans cette âme mal instruite, mais loyale; il fit un pas vers son neveu et lui prit la main.

— Tu vois que nous avons réciproquement besoin d'indulgence, dit-il avec bonhomie; oublions donc le passé, et tâchons d'en profiter pour l'avenir. En tout ceci, la véritable victime a été ta mère, et c'est à elle que nous devons aller nous excuser.

— Non, non! s'écria Auguste attendri, moi seul j'ai

besoin de pardon ; car je comprends tout maintenant : vous avez voulu me corriger par l'exemple. Ma mère et moi, nous n'avons qu'à vous remercier.

— Remerciez plutôt Lycurgue, dit l'oncle Tribert en riant ; car la découverte du moyen lui appartient. Pour dégoûter les jeunes Spartiates des excès du vin, il leur montrait des esclaves dans la dégradation de l'ivresse : je l'ai imité en te faisant voir dans un autre les défauts que je voulais te rendre odieux.

QUATORZIÈME RÉCIT

LA GRANDE LOI

Au temps de la première race des rois francs, alors que la plupart des peuplades qui leur étaient soumises ignoraient encore la parole du Christ, vivait un vieillard nommé Novaire, qui avait reçu la *bonne nouvelle*, et s'était appliqué à la comprendre. Abandonnant les coupables plaisirs du monde, il s'était retiré sur une colline solitaire, près du lieu où l'on voit aujourd'hui Lillebonne, et y avait construit une cabane de gazon où il demeurait seul, sans autre occupation que d'agrandir et d'élever son esprit.

Or, il arriva qu'à force de méditations et de prières, le voile charnel qui cache aux hommes le monde invisible, s'entr'ouvrit pour Novaire et lui laissa apercevoir les avenues du ciel ; mais il ne perdit point pour cela la vue de la terre. Il distinguait en même temps les merveilles de la création apparente et les merveilles de la création cachée. Son regard se promenait sur les bois, les prairies, les eaux ; puis, en s'élevant plus haut, il rencontrait la région parcourue par les messagers de Dieu ; puis, en montant encore, l'entrée de la demeure céleste que gardaient les archanges. Il entendait à la fois le gazouillement des sources, la voix des chérubins, et l'*Hosanna* des bienheureux au pied du trône éternel. Des anges lui apportaient la nourriture et l'entretenaient longuement de tout ce qui est inconnu aux hommes : aussi les journées s'écoulaient-elles dans un perpétuel enchantement. Associé à la vie des purs esprits, il avait senti peu à peu toutes les ambitions terrestres s'éteindre en lui, comme de pâles étoiles que le soleil fait disparaître ; et, fier de ce que son intelligence se fût élevée au-dessus de la compréhension vulgaire, il eût voulu pénétrer par elle les secrets de Dieu. En écoutant ces rumeurs de la vie qui forment l'hymne éternel de la création à la gloire du Créateur, il répétait sans cesse :

— Pourquoi ne puis-je savoir ce que disent les oiseaux dans leurs chants, les brises dans leurs murmures, les insectes dans leurs bourdonnements, les vagues dans leurs soupirs, les anges dans leurs hymnes célestes? Là doit se trouver la *grande loi* qui régit le monde!

Mais tous les efforts de son esprit pour pénétrer un pareil mystère avaient été inutiles; il n'y avait rien gagné que l'endurcissement et l'orgueil, car l'intelligence qui grandit seule ressemble aux arbres des forêts qui ne peuvent étendre leurs racines sans tout dessécher autour d'eux; pour qu'elle reste bienfaisante et féconde, il faut qu'elle soit vivifiée par les rosées du cœur.

Un jour qu'il était descendu de la colline toujours verdoyante pour traverser la vallée alors flétrie par l'hiver, il vit venir de son côté une troupe nombreuse de soldats qui conduisaient un criminel au gibet : les paysans accouraient pour le voir passer, et racontaient tout haut ses crimes; mais le condamné souriait en les écoutant, et loin de témoigner du repentir, semblait se glorifier du mal qu'il avait commis. Enfin, comme il arrivait près du solitaire, il s'arrêta tout à coup, et s'écria d'un air railleur :

— Approche ici, saint homme, et donne le baiser de paix à celui qui va mourir.

Mais Novaire indigné se recula.

— Marche à la mort, misérable; des lèvres pures ne doivent point toucher un maudit!

Le criminel se remit en marche sans rien dire, et le solitaire, encore tout ému, reprit le chemin de son ermitage. Mais en y arrivant, il s'arrêta stupéfait; tout y avait changé d'aspect. Les arbres, que la présence des anges entretenait dans une verdure éternelle, se trouvaient dépouillés comme ceux de la vallée; là où, quelques heures auparavant, s'épanouissaient les églantines, brillait maintenant le givre, et la mousse desséchée laissait voir partout les rocs stériles.

Novaire attendit le messager céleste qui lui apportait tous les jours sa nourriture, afin d'apprendre la cause de ce changement, mais le messager ne reparut pas; le monde invisible s'était refermé pour lui, et il était retombé dans les misères et l'ignorance de l'humanité. Il comprit que Dieu le punissait, sans deviner la faute qu'il avait commise. Cependant il se soumit sans révolte, et s'agenouillant sur la colline : « Puisque je vous ai offensé, ô mon Créateur, dit-il, je dois, en expiation, m'infliger à moi-même un châtiment. Dès aujourd'hui je quitte ma solitude, et je jure de marcher devant moi, sans autre repos que celui de la nuit, jusqu'à ce que vous m'ayez témoigné par un signe visible que j'ai mérité votre miséricorde. »

A ces mots, Novaire prit sa clochette d'ermite, son bréviaire à fermoir de fer, son bâton de houx; il ceignit ses reins d'une corde de cuir, raffermit ses sandales, et jetant un regard d'adieu à la colline, il se dirigea vers la péninsule sauvage qui reçut plus tard le nom de Jesnétique.

Or, dans ce pays, aujourd'hui couvert de villages, de fermes, de moissons, nulle route n'était alors tracée, si ce n'est celles que s'ouvraient les bêtes fauves. Il fallait passer à gué les rivières, franchir des marais, traverser des bruyères, trouvant à peine, de loin en loin, quelques pauvres habitations dont souvent les maîtres vous repoussaient. Mais Novaire souffrit avec sérénité toutes les fatigues et toutes les privations. Sans autre but que sa réhabilitation devant Dieu, il opposait aux douleurs la résignation, aux obstacles la patience. Il arriva ainsi jusqu'à l'extrémité de la péninsule, non loin du lieu où devait s'élever bientôt la célèbre abbaye de Jumièges.

Là s'étendait alors une forêt dans laquelle se cachaient des pirates qui, sur leurs légères nacelles d'osier recouvertes de peau, attaquaient les barques qui descendaient ou remontaient le fleuve, chargées de marchandises précieuses. Un soir que le solitaire doublait le pas pour atteindre la rive, il arriva à une clairière où quatre de ces pirates étaient assis autour d'un feu de roseaux. A sa vue, ils se levèrent, coururent à lui et l'entraînèrent près de leur foyer pour le dépouiller. Ils prirent sa clochette, son livre, sa ceinture, sa robe ; et voyant qu'il n'avait rien autre chose, ils délibérèrent s'ils devaient le laisser aller. Mais le plus vieux, nommé Toderick, s'écria qu'il fallait le garder pour le faire ramer à la barque, et les autres y consentirent.

Novaire fut donc lié de trois chaînes, l'une pour les pieds, l'autre pour les bras, la dernière pour le corps, et il devint l'esclave des quatre pirates. C'était lui qui devait préparer leur nourriture, aiguiser leurs armes, entretenir la barque et la conduire, sans jamais recevoir d'autre récompense que des coups et des malédictions. Toderick, surtout, se montrait sans pitié, joignant la raillerie à la cruauté, et demandant sans cesse à l'ermite à quoi lui servait la puissance de son Dieu.

Cependant un jour les quatre pirates attaquèrent une barque qui descendait la Seine, et dans laquelle ils espéraient trouver de riches marchandises ; mais il arriva qu'elle transportait une troupe d'archers qui les accueillirent avec une nuée de traits, si bien que trois des bandits furent tués, et que le quatrième, qui était Toderick, reçut une flèche, dont il eut la poitrine traversée.

Novaire tourna alors la nacelle vers la rive, qu'il réussit à atteindre : il se trouvait libre désormais et pouvait facilement prendre la fuite ; mais il se sentit saisi d'une sainte pitié pour ceux qui l'avaient fait souffrir si longtemps. Il donna la sépulture aux trois morts, puis s'avança vers Toderick. Celui-ci, qui jugeait le solitaire d'après sa nature sauvage, pensa qu'il venait pour se venger, et lui dit :

— Tue-moi vite, sans me faire souffrir.

Mais Novaire répliqua :

— Loin d'en vouloir à ta vie, je désirerais la racheter au prix de la mienne !

Le pirate fut étonné et attendri.

— Cela n'est désormais au pouvoir d'aucun homme, dit-il, car je sens déjà le froid de la mort qui s'avance vers mon cœur ; s'il est vrai que tu me veuilles du bien, malgré ce que je t'ai fait supporter, donne-moi un peu d'eau pour étancher ma soif.

Novaire courut à la source la plus voisine et apporta

de l'eau au blessé. Quand celui-ci eut bu, il regarda l'ermite.

— Tu as été bon pour celui qui a été méchant, dit-il, mais voudrais-tu faire davantage et accorder le baiser de paix à un coupable ?

— Je le veux, dit Novaire, et puisse-t-il devenir pour toi une bénédiction !

A ces mots, il se pencha sur le pirate qui reçut le baiser de paix et mourut.

Au même instant, une voix qui retentit dans les airs fit entendre ces mots :

— Ton épreuve est achevée, Novaire ; Dieu t'avait puni pour avoir refusé la pitié au coupable, il te récompense pour avoir pardonné à un méchant ; tous les trésors que tu avais perdus par dureté de cœur, tu les a reconquis par la charité. Lève donc les yeux maintenant et prête l'oreille, car tu entendras ce que disent les bruits de la terre et du ciel.

Le solitaire, qui avait écouté la voix dans un saisissement muet, releva alors la tête. Los arbres effeuillés par l'hiver avaient reverdi ; les ruisseaux glacés avaient repris leur cours ; les oiseaux chantaient dans les aubépines en fleurs, tandis que plus haut dans le ciel on voyait les anges monter et descendre l'échelle de Jacob, les chérubins passer sur les nuées, les archanges choquer leurs épées flamboyantes, les saints chanter les hymnes célestes !

Et tous ces bruits formaient un chœur qui faisait entendre ces seuls mots :

Aimez-vous les uns les autres !

Alors Novaire frappa l'herbe de son front, et s'écria :

— Merci, mon Dieu ! et soyez béni ! c'est aujourd'hui seulement que j'ai compris LA GRANDE LOI !

FIN.

www.ingramcontent.com/pod-product-compliance
Lightning Source LLC
Chambersburg PA
CBHW070524170426
43200CB00011B/2319